Zum Fest der
Goldenen Hochzeit
in herzlicher Verbundenheit.
Gottes Segen begleite Sie
weiterhin!

+ H. [illegible]

Günter Riediger

Von liebenswerten Großeltern und pfiffigen Enkeln

Günter Riediger

Von liebenswerten Großeltern und pfiffigen Enkeln

Erfahrungen und Erlebnisse

Verlag Butzon & Bercker Kevelaer

Die Rechte für die Fotos liegen bei:
S. 17: Andreas Rüberg
S. 73: Walter Kneist
S. 97: Lisa Kneist

Die Deutsche Bibliothek – CIP-Einheitsaufnahme

Riediger, Günter:
Von liebenswerten Grosseltern und pfiffigen Enkeln : Erfahrungen und Erlebnisse / Günter Riediger. – Kevelaer : Butzon und Bercker, 1996
(Bercker Senioren)
ISBN 3-7666-0049-4

verlags gruppe engagement

ISBN 3-7666-0049-4

Umschlaggestaltung: Astrid Leson, Münster
Satz: Greiner & Reichel, Köln

Inhalt

Für Sie!

Für liebenswerte Großmütter und Großväter
Für pfiffige Enkel (und auch für die anderen …)
Für Großeltern, die voller Sorgen sind
Für Enkel, die sich engagieren in ihrem Umfeld
Für Eltern, die Probleme haben mit ihren Kindern und mit den Großeltern
– in einem Satz:
Für Großeltern, Enkel und Eltern,
die trotz allem mit Freude und Humor
gute Kontakte halten zueinander und miteinander!
Ihnen allen ist dieses Buch gewidmet.

Die vielen Geschichten und Berichte, die Meditationen, Gedichte, Gebete, Meinungen und die Fotos wollen ein Stück Alltag aufzeigen, hier bei uns, aber auch in anderen Ländern, in der Vergangenheit und vor allem in der Gegenwart.

Selbstverständlich, daß der Humor nicht zu kurz kommt! Schnuppern Sie ruhig mal hier, mal dort in die Kapitel hinein, je nach Laune und Situation! Sie können überall ‚einsteigen'.

Die Erzählungen im ersten Kapitel handeln von Großeltern und ihren Erlebnissen mit jüngeren Enkeln: Das sind STERNSTUNDEN.

Im zweiten Kapitel finden Sie Berichte und Geschichten – kurz und knapp auf den Punkt gebracht, dazu kleine Weisheiten zum Verhältnis Eltern und Großeltern: BERG- UND TALFAHRT.

Die Texte im dritten Kapitel sind der ZUKUNFT gewidmet: Auch die Enkel werden flügge – was dann passieren kann, lesen Sie in den Alltagsgeschichten und Erzählungen aus dem politischen und sozialen Bereich.

Bald hätte ich etwas vergessen – vielleicht fragen Sie sich: Was sagen die Enkel und Großeltern selbst dazu?
Einige von ihnen haben über ihre Erfahrungen und Erlebnisse geschrieben: Behutsam, frisch, vergnügt, und auch kritisch – nachzulesen im ersten und dritten Kapitel *(Originalton)*. Herzlichen Dank dafür!

Mein Wunsch für Sie: Viel Freude beim Lesen!

Günter Riediger

Sternstunden

Von Großeltern
und ihren Enkeln

Wenn der Großvater in Rente geht

„Cordula, Cordulaaa!!" Bei den letzten Tönen weiß sie, daß ihre Mutter es ernst meint; also schleicht sich Cordula in die Küche:
„Mama, ich muß soviel für Bio lernen, ich kann jetzt wirklich nicht einkaufen gehen."
„Keine Sorge!" lächelt die Mutter. „Gut, daß Matthias auch da ist! Ihr wißt, Großvater geht bald in Rente, und dann hat er noch Geburtstag. Was wollt ihr ihm schenken?"
„Opa sagt immer, er hat alles, was er braucht."
„Matthias! Trotzdem ..."
Cordula hat eine Idee: „Matthias, wir werfen unsere paar Kröten zusammen und kaufen Opa einen Walkman."
Entsetzt schreit die Mutter: „Nein! Mir wird schon schlecht, wenn ich euch beide, wackelnd, mit Knopf im Ohr herumlaufen sehe!"
„Aber Mama!" Matthias behält seine Ruhe. „Die Stöpsel sind in *beiden* Ohren!"
„Das ist nichts für meinen Vater!"
„Na ja, die Technik, mit der Großvater was anfangen kann, muß erst noch erfunden werden."
„Das ist ja wohl etwas übertrieben, Matthias. Gegenvorschlag: Wie wäre es, wenn ihr ihm zwei CDs mit seiner Lieblingsmusik schenkt?"
Cordula und Matthias schauen sich an, über-

legen – und sind schließlich doch einverstanden. An seinem Geburtstag öffnet Opa das Päckchen seiner Enkelkinder: „CDs, gut! Und genau mit der Musik, die ich mag. Volltreffer, ihr beiden!“ Großvater strahlt.
Matthias setzt nach: „Kannst du auch mit dem CD-Player umgehen? Sonst zeige ich es dir.“
„Nicht nötig, Matthias, das schaffe ich schon.“

Kurze Zeit später kriegt Matthias vor Staunen den Mund nicht mehr zu. Auf dem Weg zu den Großeltern sieht er, wie der Mann vom Paketdienst einen großen Karton in Opas Wohnung bringt. Matthias liest den Firmennamen: Was will sein Großvater mit einem Computer ...?
Die Großmutter kennt ihren Enkel: „Das hättest du nicht gedacht, stimmt's? Du weißt doch, dein Opa schreibt ab und zu kleine Artikel, und das kann er mit dem Ding da besser.“
Matthias schaut zu, wie Großvater den PC anschließt: Der alte Herr versteht was davon.
„Ja ja, die Technik, Matthias ... Ich hatte in der Volkshochschule einen Grundkurs belegt. Jetzt macht es mir richtig Spaß mit meinem PC; es ist kein besonders großer, aber für mich genügt er. Übrigens – wenn du Lust hast, zeige ich dir gelegentlich, wie die neue Software funktioniert.“
„Klasse, Opa! Dafür hab' ich immer Zeit.“

Unsere Kinder – früher und heute

Früher traten wir gern in die Matsche.
Voll rein in die Patsche!
Wie das platschte!
Dann kriegten wir Watschen.
Und wie *das* klatschte ...!

Heute, ihr lieben Leute,
soll das ganz anders sein:
Auch Mama und Papa
treten mit rein in die Matsche.

Vielleicht.

Und Oma und Opa?

Ach, noch einmal so jung sein ...!

Ein 70jähriger

Mit 75 Jahren lerne ich ständig dazu.

Carl R. Rogers (1902–1987), Pädagoge

Nachmittags zu Oma und Opa

Unter der Mütze ein bißchen Grütze
ist viel nütze – *sagt unser Opa.* (Stimmt!)
Unter der hohen Stirn
haben die Zellen in Opas Gehirn
ausreichend Platz für gute Geschichten:
Opa liest vor, mit viel Humor!
Seine Geschichten sind witzig und spritzig
und spannend dazu. Drum hören wir zu.

Was wir sonst noch gern machen?
Spielen und toben und lachen.
Raus aus dem Haus, rein in den Garten,
keiner kann warten.
Das wird der Hit: Opa macht mit!
Los! Wir düsen durch Omas Gemüse,
wie 'ne Rakete – quer durch die Beete,
spritzen mit Wasser, Opa wird nasser –
laut lacht er auf.

Nun kommt das Beste: Er packt uns feste.
Ich bin nicht dumm, schleich' hinten rum:
Gibt's was zu naschen in Opas Taschen?
Schließlich schau ich ihn an:
„Opa …? *Wer weiß?*
Vielleicht
hat Oma
ein Eis …"

Ende offen

„Mein Großvater backt leckere Reibekuchen!“
„Mein Opa fährt Rollerskate auf dem Nordplatz!“
„Der tickt nicht richtig!“ wirft jemand ein.
„Der andere Opa spielt Klavier – und Fußball!“
„Glaubst du selbst nicht!“
„Mein Großvater hat nur ein Bein und fährt Auto.“
„Quatsch nicht so dämlich, der ist nur noch ein Häufchen Asche, das liegt hinten auf dem Friedhof!“
„Mensch, ich meine doch den anderen! Schließlich habe ich zwei Opas. Du nicht?“
„Beide tot. Die habe ich nie gekannt.“
Gespräch auf dem Pausenhof einer Grundschule: Alle haben etwas zu sagen; nur Christian steht dabei und überlegt: Mein Großvater …?
„Der kann nur 'nen Bleistift heben“, sagt die Oma immer. Das ist Christian zuwenig. Dann fällt es ihm ein. Stolz verkündet er, so laut, daß alle es hören:
„Mein Großvater kann phantastisch Geschichten erzählen!“
„Prima! Ich hör' gern Geschichten.“
„Puh! Da hock' ich lieber vor der Glotze!“ –

Familientreff bei Christians Eltern. Am frühen Abend wollen einige nach Hause fahren, aber Christians kleine Schwester Kathi und Cousine Rieke möchten noch eine Geschichte hören.
„Ja, Opa!" Rieke, fünf Jahre, zieht ihn am Arm. „Komm ins Kinderzimmer! Christian und der Jens können auch dabei sein."
Jens, neun Jahre, rümpft die Nase, geht aber mit.
Und Kathi: „Opa, erzähl vom Karpfen Hugo!"
„Bloß nicht!" wehrt Christian ab.
„Dann von der dicken Kuh Gloria!" bittet Rieke.
Der Großvater wirft einen Blick auf die beiden Jungen: „Sicher habt ihr alles schon mal gehört, aber für die Kleinen ... Ihr seid doch großzügig."
Christian gibt sich zufrieden, aber dem Jens paßt das nicht ... Opa sieht die erwartungsvollen Augen der Mädchen und beginnt zu erzählen, wie der alte Karpfen Hugo einmal einen fetten Wurm vor seiner Nase tanzen sah ...
„Doch da fällt ihm ein kleiner Haken auf, Hugo blinzelt nach oben, entdeckt den Faden ..."
„Die Angel!" platzt Rieke dazwischen. „Jetzt spielt der Karpfen dem Angler einen Streich."
„Richtig", schmunzelt Großvater, „erst hat der Karpfen vorsichtig den Wurm vom Haken abgelutscht, dann nimmt er ganz behutsam den Haken zwischen seine dicken Lippen und

schwimmt mit ihm in eine Ecke des Teiches ..."
„Zu dem alten Schuh, der tief im Schlamm steckt!" jubelt Rieke.
Jens stöhnt auf: „Karpfen fummelt Haken in Schuh, Angler zieht an Leine, Schuh gibt nach, Angler fliegt in dreckigen Teich. Opa, das kennen wir doch!"
„Da fehlt noch was!" trumpft Kathi auf. „Hinterher hat der alte Karpfen gelacht."
„Genauso ist es gewesen", bestätigt der Großvater und freut sich über die Kleinen.
„Opa, wenn du jetzt noch von der dummen Kuh erzählst, flippe ich aus! Immer die ollen Klamotten!" protestiert Jens. „Dann lieber ein Wahnsinnsvideo!"
Das wollen die Kleinen nicht und verschwinden aus dem Zimmer.
„Mit neun Jahren ist man für solche Storys zu alt, ich weiß", wendet sich der Großvater an Jens. „Was für Videos siehst du denn am liebsten?"
„Wo was passiert! Pengpeng andere umlegen, kaltmachen – *nur im Spiel* – aber ich kenne ein paar, denen man wirklich ganz langsam den Hals umdrehen sollte, daß ihre Augen ..."
Jens macht die entsprechenden Gesten.
Sein Großvater ist entsetzt, bleibt aber ruhig: „Wenn du mit einigen Krach hast, Jens, kannst du doch gelegentlich mit ihnen darüber reden."

„Geschenkt, Opa! Mit solchen Typen kann man nicht reden. Meine Eltern haben auch dauernd Zoff. Vorige Woche haben sie tagelang nicht miteinander gesprochen. Wenn sie was voneinander wollten, hing ein Zettel an der Pinnwand. Das ist öfter so. Stell dir vor, Opa, einmal hab' ich heimlich zwei Zettel abgenommen – da war vielleicht was los!"
Christian hört mit offenem Mund zu.
Der Großvater holt tief Luft und steht auf: „Ich bin müde, ich muß mit Oma nach Hause."
Beide machen sich auf den Weg.
„Das ist nicht mein Enkel!" –

Zwei Monate später.
Bis jetzt bin ich immer diejenige gewesen, die den ersten Schritt getan hat, wenn wir Krach hatten, denkt die Großmutter, *aber heute nicht! Er führt das große Wort – mich nimmt er nicht ernst. Gestern hat er genau das Gegenteil von dem gesagt, was er heute behauptet. Aber das gibt er nicht zu. Ich soll immer klein beigeben. Nein, heute nicht!*
Die Frau kneift die Lippen zusammen, verläßt das Wohnzimmer, setzt sich in die Küche.
Der Mann sagt keinen Ton. Aber in seinem Inneren kocht es.
Sie war immer schon hart. Doch jetzt kann ich das nicht mehr hinnehmen. Einmal ist Schluß!

Ein Paar – nun ist jeder allein. Sprachlos. Dem Großvater fällt sein Enkel ein, er denkt an Jens' Eltern, die Pinnwand ...
Bis jetzt haben er und seine Frau immer noch den Weg zueinander gefunden. Aber heute ...
Wer tut den ersten Schritt? Wer sagt das erste Wort? – *Immer ich ...?*

Mit den Enkeln in Urlaub

„Sind Sie schon einmal mit Ihren Enkelkindern in Urlaub gefahren? Und welche Erfahrungen haben Sie gemacht? Nur gute, ja?"
Ich mußte schlucken. „Ja, ja, wir auch!"
Im stillen dachte ich: Die haben das ‚andere' verdrängt. Aber ich erinnere mich genau:
Eigentlich wollten mein Mann und ich unsere ausgefallene Silberhochzeitsreise nachholen: Auf die Balearen, vielleicht nach Griechenland fliegen ... Ja, fliegen! Ich bin noch nie geflogen. Wir haben wunderschöne Prospekte bewundert – nur leider zu teuer! So haben wir einen Kurort in der Nähe gewählt, gut für die Bronchien meines Mannes und für meinen Rücken.
Acht Tage vorher, mitten in den Ferien, hatte meine Schwiegertochter einen schweren Un-

fall; unser Sohn war auf einer Dienstreise in Amerika.

Schon als das Telefon läutete, hatte ich ein ungutes Gefühl ... Richtig! Natürlich haben wir uns bereit erklärt, unsere beiden Enkel, die siebenjährige Evelyn und den elfjährigen Micha, mitzunehmen. Was sollte schon passieren?

Meine Schwiegertochter hatte wohl einige Befürchtungen: *Wenn die beiden sich zanken ... Wenn sie Opa nicht in Ruhe lassen ... Und das Essen: Nur keine Kartoffeln! Außerdem ist niemand sicher vor Michas seltsamen Einfällen ...*

In den ersten Tagen ist alles glattgegangen. Natürlich hat Micha erstmal gemault: „Wo ist die Flimmerkiste? Übermorgen ist Fußball, da willst du doch auch fernsehen, Opa!"

Mein Mann zuckte die Achseln. Evelyn wollte ebenfalls meckern, doch dann habe ich zwei unbekannte Spiele entdeckt, damit war es gut.

Das große Schwimm-, Spaß- und Solebad hatte es Micha angetan: „Hier kann ich's aushalten." Er fand schnell Kontakt zu ein paar älteren Jungen.

Hätte ich doch geahnt, wie sich das weiterentwickeln würde ...

Mein Mann ging auch schwimmen, und Evelyn interessierte sich für die Pflanzen im Kurpark. Gut, daß ihre Oma Bescheid wußte; Evelyn fragte mir Löcher in den Bauch.

Dann vermißte sie etwas: „Oma, wo gibt es hier Löwenzahn? Ich brauche schönen gelben Löwenzahn! Mit den Stengeln baue ich eine Wasserleitung."

„Evelyn, jetzt gibt es keinen Löwenzahn. Im nächsten Frühjahr wieder."

Statt der Wasserleitung hatten wir viel Spaß beim Wassertreten in der Kneippanlage.

Nach dem Essen ging Opa zu den Salinen, um die Luft der rieselnden Sole einzuatmen.

Micha zog es zu seinen neuen Freunden. Doch schnell kam er zurück und prustete vor Lachen: „Du, Oma, auf der Bank an den Salinen liegt ein Mann, die Beine ausgestreckt, Mütze als Sonnenschutz über dem Kopf, unter der Bank eine Flasche, wie ein Penner. Die Mütze kannte ich. Stell dir vor, Oma" – Micha grinste – „der ‚Penner' hat Ähnlichkeit mit deinem Ehemann!"

„Das kann nicht wahr sein!"

„Doch! Opa liegt auf der Bank und schläft."

Ich bin sofort hingelaufen, hab' ihn geweckt und ihm einiges ins Ohr geflüstert.

Aber mein Mann: „Keine Aufregung! Ich war müde, habe mich hingelegt; hier kann ich gut atmen. Und in der Flasche ist Mineralwasser!"

Was soll man da sagen? Am Abend war alles wieder in Ordnung, mein Mann hat mich in den Arm genommen und mir einen Kuß gegeben – da fegt Evelyn dazwischen: „Oma, du

küßt genauso lang wie Mama! Könnt ihr das auch?"
Micha brach in schallendes Gelächter aus, mein Mann verkroch sich hinter die Zeitung: „Ja, Oma, erklär mal *deiner* Enkelin, daß wir uns immer noch gern haben!"
„Warum ich? Das kannst du genauso gut."
„Schon im Paradies hat die *Eva* den Adam verführt; ich bin also auch ganz unschuldig."
Dem habe ich aber Bescheid gesagt!

Am Tag darauf erschien Micha nicht zum Essen. Ich witterte Unheil. Und so war es auch. Nachmittags gingen wir mit Evelyn in den Kurpark. Auf einmal rief sie: „Da ist der Micha mit den anderen, hinter den Sträuchern!"
Doch schon war nichts mehr zu sehen. In der Nähe hörte man laute Stimmen. Die Leute starrten auf zwei kleinere Brunnen. Die Fontänen hatten eine gelbgrüne Farbe angenommen. Und wie das roch! Alle schnupperten: „Das riecht ja wie Spülmittel!?"
Eine bekannte Stimme hinter uns: „Riecht gut!"
Unbemerkt war Micha wieder da, schaute lachend auf die Brunnen.
Als zwei Parkwächter auf uns zukamen, murmelte Micha: „Scheiße! Nichts wie weg!"
Doch die Wächter waren schneller: „Du warst

dabei! Das ist grober Unfug und Sachbeschädigung!"
Ich holte tief Luft. Mein Mann hat mit den Wachleuten geredet, das sei doch nur ein Jungenstreich; aber es hat einige Mühe gekostet, bis die Kurverwaltung ein Einsehen hatte. –
Genau an diesem Abend rief meine Schwiegertochter an: „Ist alles in Ordnung? Auch mit den beiden?"
Flehend blickte Micha zum Opa.
Ich habe seine Mutter beruhigt: „Mach dir keine Sorgen! Wir schaffen das schon!"
Noch acht Tage, dachte ich.
Micha nahm mich in den Arm und drückte mich fest.

„Originalton“: Enkel und Großeltern

Bei Oma und Opa in Münster

Nach Weihnachten bin ich zu Oma und Opa nach Münster gefahren. Beide freuen sich, wenn ich komme; Oma unternimmt dann viel mit mir.
Diesmal mußte ich aber noch ein Referat für Erdkunde schreiben, über Kenia. Oma half mir, etwas über die Lage und das Wetter herauszufinden; Opa machte mit mir das Wirtschaftliche und las alles nochmal durch.
So hatten wir in den nächsten Tagen viel Zeit. Ich ging mit Oma in die Stadt. Toll, ich bekam eine neue Armbanduhr.
Wenn Oma kochte, schaute ich zu, und sie erklärte mir, wieviel man von jedem Gewürz oder anderen Dingen nehmen müsse.
Abends durfte ich lange aufbleiben, und mit dem Fernsehprogramm wurden wir uns auch einig.
Oma erzählte mir oft von früher, als meine Mutter und die Tanten klein waren und was sie angestellt hatten. Das hat mich natürlich sehr interessiert!
Als ich wieder nach Hause mußte, waren Oma und Opa genauso traurig wie ich.

Mareike Offele, 13 Jahre, Essen

Des Enkels Freunde

Heute mittag holt Opa seinen Enkel von der Schule ab. Sofort nach dem Unterricht stürmen die Schüler auf den Hof. Fabian sieht seinen Großvater und rennt auf ihn zu.

„Opa, was ist los? Darf ich mit zu dir?"
„Ja, wir müssen der Mutti aushelfen. Steig ein!"
Zu Hause wird die Oma stürmisch begrüßt. Schon kommt die Frage: „Was gibt's zu essen?"
Oma hat die Antwort bereit: „Spaghetti Bolognese, dein Leibgericht!"
Fabian kann es kaum abwarten, zumal es in der Küche so gut duftet …
„Erst beten!"
„Oma, warum muß man vor dem Essen beten?" fragt der Junge.
„Ganz einfach. Wir freuen uns, daß wir genug zu essen haben und daß es uns schmeckt. Darum bitten wir Gott, das Essen zu segnen, und danken ihm dafür."
Fabian sieht das auch so und betet tüchtig mit. Der Schokoladenpudding steht auf der Anrichte bereit. Darum ist der Nudelteller unseres Enkels ruck-zuck leer. „Jetzt aber schnell den Pudding!" wünscht sich der kleine Gast.
Gemeinsam genießen wir den Schokoladenpud-

ding. Eine Freude, dem kleinen Kerl dabei zuzuschauen! So ein großer Genießer!
Oma muß anschließend Fabians Gesicht vom linken bis zum rechten Ohr von Puddingspuren säubern, so gut hat es ihm geschmeckt.
Als die Mutter ihren Fabian später abholt, fragt sie: „War er lieb?"
„Keine Frage, wir haben gespielt und gut gegessen. Die Hausaufgaben macht er bei dir."

Kurt Weinberg, 68 Jahre, Bottrop

Opa ist mein Freund

„Was sagt ihr jetzt? Wir haben ein Haus gekauft. Da hat jeder von euch ein ganzes Zimmer für sich. Ist das nicht schön?"
„Genau!" stimmt die vierjährige Claudia zu.
„Müssen wir dann von hier wegziehen", fragt Patrik vorsichtig an.
„Tja, das geht nicht anders, etwas weiter weg ist es wohl", meint die Mutter und ahnt schon, was kommt.
„Und unsere Freunde? Können wir dann mit denen noch spielen? Und da müssen wir ja auch in eine andere Schule. Meinst du, das ist gut?"

Patrik und sein Bruder sind nicht so begeistert, wie die Eltern erwartet hatten. Sie haben hier Wurzeln geschlagen und richtige Freundschaften geschlossen, sie fühlen sich wohl. Was sind dagegen schon eigene Zimmer, wenn sie so weit weg sind!
Der Abschied wird den Kindern schwer.
Sicher – *alte* Bäume soll man nicht verpflanzen, die wurzeln nicht mehr neu. Aber junge Bäume, Baumkinder, Kinder?
Auch für sie ist eine solche Verpflanzung gar nicht so einfach. Auch für sie ist der Umzug ein Weg ins Unbekannte, in ein Haus, wo alles fremd ist, wo man nichts, niemanden kennt.
Sie sind natürlich umgezogen. Das Haus ist schön, die eigenen Zimmer auch. Aber Patrik hat das alles nicht so gut verkraftet wie die Geschwister. Er läßt in der Schule nach, ist oft lustlos und unkonzentriert, hat keinen richtigen Appetit mehr, nicht mal mehr zum Naschen. Etwas verschlossen war er schon immer. Die Eltern sorgen sich und rätseln, was sie tun können.
An einem Abend kommen die Großeltern zu Besuch, die Eltern sind zwei Tage verreist. Da bleiben die Kinder etwas länger auf, machen Spiele und dürfen noch einen Tierfilm sehen.
Patrik sitzt neben dem Opa. Der streichelt ihm mal kurz übers Haar, sieht ihn an: „Na, kleiner Kumpel" – so reden sich die beiden öfter an – „noch immer traurig?"

Der Junge sieht zu dem Alten hoch, spürt, daß der in ihn hineinsehen kann und ihn versteht. Er nickt und rückt ein bißchen näher. Bei Opa muß man nichts sagen, der weiß auch so Bescheid. Das tut gut.

Einige Zeit später fragen die Eltern Patrik, ob er mal mit jemandem über alles sprechen möchte, was mit ihm los ist.
„Nee", sagt Patrik, „dafür habe ich euch und Opa, der ist mein großer Kumpel."
Aber es hat doch noch eine Weile gedauert, bis Patrik neue Wurzeln schlagen konnte.

Rolf Rüberg, 67 Jahre, Brühl

Erinnerungen – auch vergnüglich

Karl Heinz, gut zwei Jahre alt, ist mit seinen Eltern bei der Großmutter mütterlicherseits zu Besuch. Er stopft sich mit Rodonkuchen voll: Mund gefüllt, Ohren gespitzt. Großmutter spricht über notwendige Kontakte zur anderen Großmutter, Oma Körne genannt: „Ihr müßt auch mal wieder zu Oma Körne gehen!" Und zu Karl Heinz: „Oma Körne ist doch auch sehr lieb!"

Karl Heinz kaut weiter. Dann: „Ja, die Oma isse ganz hieb; Ka-einz gete booß nich gerne hin!" – Oma Körne bei uns zu Besuch. Hingebungsvoll kratzt sie mit ihrem Finger an einem Blümchen herum, ausgerechnet an der Decke, die die Schwiegertochter selbst mit viel Mühe gestickt hat. Die strafenden Blicke bleiben wirkungslos. Oma kratzt weiter.
Schließlich: „Bitte, laß doch das Kratzen sein!"
Oma Körne: „Ick dacht, et was en Tierken west."

Die siebenjährige Eva fragt alle Leute, wo sie wohnen, wie sie heißen, kurzum – sie fragt den Leuten richtig tiefe Löcher in den Bauch.
Die sind erstaunt: „Was fragst du denn soviel?"
Evas Antwort: „Mein Opa will das alles wissen!"

Aus den Erinnerungen der Familie Becker

Wohlwollend – etwas kritisch

Meine Großeltern sind zwar nicht mehr so ganz jung, aber noch für jeden Spaß zu haben. Meine Oma backt leckere Kuchen und versucht vergeblich, mir das Kochen beizubringen. Wütend wird Oma nur dann, wenn ich sie ärgere, nicht Klavier übe, wenn ich krümele, kurz – wenn ich ihre Nerven strapaziere. Aber zu ihrem Geburtstag habe ich ihr ein Gedicht geschrieben:

„Geburtstag hast du heut.
Wie sehr mich das freut!
Der Tag wird schön, du wirst schon sehn,
daß wir erst spät nach Hause gehn."

Opa ist etwas strenger, aber auch lieb. Er paßt auf, daß alles seine Ordnung hat. Eigentlich möchte er, daß ich ihm im Garten helfe, aber das tue ich nicht gern.
Auch für Opa habe ich ein Geburtstagsgedicht:

„Als Opa fröhlich die Schule geschafft,
hat er die Lehre als Metzger gemacht.
Dann hat er sein Geschäft aufgebaut
mit Graupenwurst, die die Welt umhaut."

Wenn ich überlege, kann ich nicht klagen. Ich habe wirklich liebe und nette Großeltern abbekommen.

Christian Neumann, 10 Jahre, Bottrop

Verehre deine Großmutter;
ohne sie hättest du keine Mutter!
Afrikanisches Sprichwort

Enkelin Katharina überlegt: Stimmt!
Aber da fehlt doch noch was ... Und sie ergänzt:

Freu dich über deinen Großvater!
Ohne ihn hättest du keinen Vater.

Stimmt doch auch – oder ...?!
Ich seh' schon, wie Großvater schmunzelt ...

Großmuttertag – eine gute Idee!

Es stand in der Zeitung:

Am 20. Januar feiern die Familien in Bulgarien (und anderswo) den Großmuttertag. Die Enkelkinder – zusammen mit ihren Eltern – besuchen die Großmutter. Und die hat leckere Kuchen gebacken.
Dann ist die Stunde der Großmutter: Die Enkel sitzen um sie herum, Oma holt die Fotoalben mit den vergilbten Fotos aus *ihrer* Kinderzeit, als sie noch ein kleines Mädchen war, mit langen Zöpfen und Kleidern von damals. Die Kinder lachen und fragen nach den Fotos von ihren Eltern, als die noch klein waren. Da lacht auch die Großmutter und fängt an zu erzählen ...

Familienrat

Bei Familie M. schlägt der Zeitungsartikel Wellen: Sollen wir auch den Großmuttertag einführen? Für die zehnjährige Katharina keine Frage: „Das machen wir."

Ihr Bruder Peter (13) ist am 20. Januar verhindert: „Freitagnachmittag habe ich Training. Unheimlich wichtig!"

Mutter und Vater können erst nach 15 Uhr daheim sein, Dienst ist Dienst …

„Können wir nicht einen Tag später fahren? Daß der Großmuttertag am 20. ist, weiß doch niemand …"

„Papa!" Peter greift sich an den Kopf: „O Mann! Deine Schwiegermutter in Rheine liest dieselbe Zeitung wie wir." Peter ist Realist.

„Aber die Oma Frankfurt nicht. Wir können unmöglich beide Omas am selben Tag besuchen." Vater ist auch Realist.

Katharina fährt auf: „Ich dachte, wir wollen zur Oma nach Frankfurt? Die habe ich gern. Zur Katzen-Oma fahre ich nicht mit. Da stinkt es überall nach Katzen; und das *süße Mohrchen* hat mir neulich die Bluse zerrissen. Ich bleib' hier."

„Ich kann ja sowieso nicht mitfahren", erinnert Peter ganz unschuldig. „Außerdem wird die Katzen-Oma nur von *unserem Mohrchen und meinem Goldkind* erzählen – puh!"

Die Eltern wechseln einen Blick. Mutter versucht zu vermitteln: „Opa ist auch noch da!"
Peter grinst: „Der hat sicher nach dem Kaffee was anderes vor; die Katzengeschichten mag er auch nicht – sehr sympathisch!"
„Bald reicht es!" Dem Vater wird es zu bunt. „Zugegeben – unsere Katzen-Oma redet ziemlich viel. Wenn wir 83 Jahre sind, wird das mit uns ähnlich sein. Vielleicht auch mit dir, mein Sohn. Und wenn du – wenn du jetzt nicht ..."
Die Mutter nimmt ihren Mann in den Arm und schaut ihm bittend in die Augen. Er kennt das Signal: Nicht ausrasten! Tief holt er Luft.
Seine Frau erinnert an die Oma in Frankfurt: „Wir dürfen sie nicht vergessen. Der Opa ist vor vier Monaten gestorben ..."
Hier unterbricht das Telefon – die Katzen-Oma! „Fein, daß ihr am 20. zu mir kommt, zum Oma-Gedenktag, ich backe auch zwei Kuchen, und die neuen Fotos von unserem Mohrchen und meinem Goldkind habe ich schon rausgesucht, und eure Frankfurt-Oma habe ich auch angerufen, die war begeistert, daß ihr zu mir kommt, denn bis Frankfurt ist es viel zu weit; die Oma Frankfurt meint, vielleicht fahrt ihr im nächsten Jahr am 20. Januar zu ihr, das ist ein Samstag, da ist es günstiger. Aber jetzt am 20. kommt ihr zu mir, ach, das hab' ich ja schon gesagt, und der Opa ist dann auch da. Wißt ihr, das arme

Mohrchen hat seit drei Tagen keine Verdauung mehr gehabt, ich hab' ja auch wieder meine Rückenschmerzen, aber das Mohrchen ..."
Vater gelingt es, Omas Redestrom zu unterbrechen: „Mit deinem Liebling wird es bald wieder besser. Also: Wahrscheinlich kommen wir am 20. zu dir und fahren am Wochenende nach Frankfurt. Wir sagen noch Bescheid. Tschüß, Oma, und grüß Opa herzlich!"
Katharina und Peter staunen, Mutter schmunzelt: „Mein Mann, euer Vater, hat impulsiv entschieden. Vielleicht ist es tatsächlich eine Lösung. Kannst du nicht *einmal* beim Training fehlen, Peter? Und Katharina – wenn du nach dem Kaffeetrinken mit Opa spazieren gehst ..."
„Überredet! Eigentlich sogar ganz gut!"

Die Vorbereitungen für den Großmuttertag sind getroffen, die Kinder haben sich Mühe gegeben, für beide Großmütter ein Geschenk herzurichten – alles in Ordnung. Doch Mitte Januar gibt es einen Wettersturz. Das Thermometer sinkt auf zwei Grad minus, Eisregen verwandelt die Straßen in gefährliche Rutschbahnen. Später setzt starker Schneefall ein. Kein Ende abzusehen. Die Schneemassen lähmen den Verkehr, selbst die Deutsche Bahn kann kaum den Fahrplan einhalten.
Für Katharina und Peter fällt der Unterricht

aus, und die Großmuttertage in Rheine und Frankfurt fallen in den Schnee.
Die Mutter versucht ihren Nachwuchs anzuregen, den Omas wenigstens einen Glückwunsch zu schicken. Lange Gesichter. Peter bringt es auf den Punkt: „Dann müssen wir ja jeder zwei Briefe schreiben? Das ist viel ... Aber vielleicht schreibe ich einen, kopiere ihn zweimal und schicke die Kopien an die Omas."
Bald wäre der Mutter die Hand ausgerutscht ...

Tags drauf setzt sich Katharina hin und schreibt und malt, natürlich an die Frankfurt-Oma!
Nach einer Stunde sagt sie der Mutter Bescheid: „Den Brief habe ich zugeklebt. Eure Grüße habe ich selbst druntergeschrieben. Was sonst drinsteht, ist mein Geheimnis!"
Das muß man akzeptieren. Jetzt ist Mutter gespannt, was Peter anstellt.
Der sucht sich erst seinen abgekauten Stift: Gedanken ordnen – durchkauen – und:

Hallo Oma-Rheine!
Herzlichen Glückwunsch zu Deinem Ehrentag! Und gute Besserung für Euch! Wirklich Pech mit dem Wetter! Den Besuch bei Dir holen wir an Deinem Geburtstag nach. Du zeigst uns Deine Fotos und kannst viel erzählen. Bis zur Sportschau habe ich Zeit ...
Viele Grüße Dein Peter

Wo ist mein Zuhause?

„Lustig ist das Zigeunerleben, faria faria ..., lustig ist es im grünen Wald ..., faria ho!"
In der letzten Zeit machen mir die hohen Töne etwas Schwierigkeiten, das ist die Luft, vermutet Oma, aber eigentlich singe ich genauso gut wie früher!
„Dieses Lied lernst du in der Schule, Patrick."
„Null Ahnung, Oma, ich komme doch erst nächste Woche in die Schule!"
„Das hatte ich vergessen. Jetzt singe ich ..."
„Nein, Oma, lieber nicht! Du sollst runterkommen, sagt Mama, der Besuch ist schon da."
Schon wieder Besuch! Jeden Tag. Die Leute gestern haben sich überhaupt nicht um mich gekümmert. Wenn die Besucher das heute genauso machen, setze ich mein ‚chronisch leidendes Gesicht' auf. Das lernt man im Heim. Kopfweh wirkt immer!
„Da kommt ja eure Oma! Schön, daß wir uns wiedersehen! Kennen Sie mich noch? Ich bin die Frau Schaffer. Wie geht es Ihnen?"
Komisch! Diese Frau habe ich bestimmt noch nie gesehen; außerdem bin ich schon seit sechs Jahren im Altenheim. Aber die fremde Frau interessiert sich für mich!
„Ich bin die Großmutter hier. Mein Sohn hat

mich eingeladen, einige Wochen bei ihnen zu verbringen ..."

Ob meine Schwiegertochter das gehört hat: einige Wochen? Genau! Sie hat diesen erschreckten Ausdruck in ihren Augen ...

„Wissen Sie, Frau ... Wie war noch Ihr Name? Ach ja, Frau Schaffer! Meine Kinder geben sich soviel Mühe mit ihrer alten Großmutter. Neulich bin ich 74 geworden, dann freut man sich auf das Fest im nächsten Jahr, und so Gott will, werde ich auch die 80 feiern. Natürlich hier – nicht in dem Altenheim!

Patrick, komm mal zu deiner Oma! Er ist ein so liebes Kind. Gestern im Garten fragten mich Patrick und seine kleine Freundin Melanie, ob ich mit ihnen ‚Zoo spielen' wolle. Sie haben es mir erklärt: ‚Wir sind große, braune Bären, und du bist die liebe Oma, die die Bären mit Honig füttert; wir nehmen aber auch Schokolade.'

Mit Vergnügen habe ich die beiden gefüttert ..."

„Ja, Oma, du warst gut, nur die Melanie – die hat zuviel gefuttert und heute nacht gekotzt ..."

„Aber Patrick, das heißt: Sie hat sich erbrochen!"

„Nein, die hat sich nichts gebrochen, nur ..."

„Schon gut, mein Kleiner. Geh wieder spielen!"

Als Patrick verschwindet, nutzt auch die Mutter diese Gelegenheit. *Einige Wochen* will die

Oma bleiben … Sie haben Oma eingeladen, weil sie seit langem nicht mehr aus dem Altenheim herausgekommen ist, weil sie in der nächsten Woche Namenstag hat, genau an Patricks erstem Schultag. So feiern sie beides zusammen: Die ‚Maria' und den ersten Schultag.
Oma ist eigentlich ganz in Ordnung und auch noch rüstig. Gestern wollte sie selbst den Sonntagskuchen backen, zusammen mit Patrick. Die beiden hatten einen Heidenspaß, erinnert sich die Mutter. Sie hat ab und zu ihren Kopf in die Küche gesteckt, um eventuelle Katastrophen zu verhüten, doch das war nicht nötig.
Patrick und Oma haben einen leckeren Sandkuchen gebacken: „Genauso, wie mein Sohn ihn am liebsten mag", verkündet Oma. „Backst du ihm auch immer diesen Kuchen? Ich habe ihn oft für Opa gebacken, wenn er die Gartenarbeit hinter sich hatte und zum Kaffee kam."
Die Schwiegertochter hätte sich bald verschluckt. Jeder wußte, daß Opa in den letzten Jahren nur einmal den Rasen gemäht hat; und das auch nur, weil sein Sohn ihn mit einem Trick dazu gebracht hatte: „Eigentlich mußt du nicht mehr den Rasen mähen. Es ist zwar nicht soviel Arbeit, aber … in deinem Alter …"
„Wo ist mein Arbeitszeug?" Und hastdunichtgesehen war Opa im Garten! –

Die Mutter ist zufrieden. Oma und Patrick halten zusammen. Nur eins schafft die Oma nicht – ihrem Enkel das Lied von den Zigeunern beizubringen. Dafür hat Patrick der Oma ein paar CDs vorgespielt, die die alte Dame an den Rand eines Hörsturzes gebracht haben. –

12. September: Patricks erster Schul- und Omas Namenstag

Am frühen Morgen wird die Großmutter durch einen Kanon geweckt: Viel Glück und viel Segen!

Oma ist gerührt: „Daß ich das noch erlebe …“ und nimmt ihren Sohn, der eigentlich ziemlich schräg dazwischen gesungen hat, herzlich in den Arm. Enkel und Schwiegertochter auch.

Dann geht die Mutter mit Patrick zur Schule. Dort gefällt es ihm gut, und das erzählt er hinterher seiner Großmutter: „Du, Oma, meine Schultüte – toll! Wir haben eine ganz junge Lehrerin, sieht aus wie Melanies Schwester, und die ist siebzehn …“

„Patrick, sollen wir jetzt die Hausaufgaben …“

„Aber Oma, morgen erst! Heute …“

„Ja, mein Junge, das habe ich versprochen. Wir beide gehen Eis essen, Großmutter und Enkel!“

Bis jetzt hat die Mutter davon nichts gehört, aber sie kann diese Zeit gut nutzen, also lächelt sie den beiden aufmunternd zu.

Oma und Patrick sind eine halbe Stunde unterwegs, da klingelt es Sturm an der Haustür: Der Nachbar bringt Patrick zurück, der heult zum Steinerweichen: „Die Oma ... Ich mach' das nie wieder!" Mutter schließt ihn in die Arme.
„Eure Oma ist gefallen, nicht so schlimm", erklärt der Nachbar die Situation. „Die beiden haben bei Rot an der Ampel gewartet, Patrick schon auf dem Sprung zum Eiscafé, da kommt ein Wagen um die Ecke geprescht, die Oma kann den Jungen gerade noch halten – da ist sie gestürzt; jetzt wird sie im Krankenhaus geröntgt. Sicherheitshalber, die linke Schulter ..." Hoffentlich nicht *mehr*, denkt die Mutter, bedankt sich beim Nachbarn und kümmert sich um Patrick. Dann erfährt sie vom Krankenhaus: Kein Bruch, Oma hat eine Prellung.
Zwei Stunden später sitzt sie wieder im Sessel, Eisbeutel auf der Schulter, und schaut interessiert in Patricks Tornister: „Wir früher ..."

Mit meinem Unfall ist es noch gut gegangen, denkt die Großmutter, aber im Heim werde ich es allen haarklein erzählen, welchen Gefahren man heutzutage ausgesetzt ist!
Ob ich nicht schon übermorgen wieder zurückgehe in meine gewohnte Umgebung? Bei den Kindern ist es ganz schön, ich habe viel Freude mit Patrick. Doch meine Schwieger-

tochter ist mir zu hektisch, die jungen Leute machen sich heute selbst ihren Streß!
Außerdem muß ich mit meiner Schulter zur Massage; wer weiß, wem ich hier in die Finger falle! Aber der Masseur im Heim hat so feinfühlige Hände ...
Alle werden sich freuen, wenn ich wiederkomme. Ich sage sofort meiner Schwiegertochter Bescheid.

Beim Abschied am Samstag weicht Patrick seiner Oma nicht von der Seite; er trägt ihre Tasche, und bevor sie ins Auto steigt, fällt er ihr um den Hals, schaut sie mit Kulleraugen an: „Mußt du wirklich schon wegfahren? Ich dachte, du machst jeden Nachmittag mit mir die Hausaufgaben? Dann komme ich schneller zum Spielen – oder, nein: Du fährst überhaupt nicht mehr ins Altenheim, Oma, du bleibst bei uns. Was meinst du, Mama?" Der Knirps strahlt sie an: „Für Oma haben wir doch Platz!"
Die Mama wird etwas verlegen: „Patrick, das ist nicht so einfach ..."
Oma wechselt mit ihrer Schwiegertochter einen Blick: „Du meinst es gut, Patrick, aber ich komme ja wieder. Dann bekommst du das Eis!"
„Genau", bestätigt die Mutter. „Bis bald, Oma, und vor allem: Danke!"

Vom alten Bettler und seiner Familie

Am Fuß des Brückenpfeilers liegt ein alter Mann, eingewickelt nur in einen dünnen Flikkenteppich; in dieser Nacht ist es besonders kalt unter der Eisenbahnbrücke in der indischen Stadt. Fünf andere liegen neben ihm, er ist der Älteste der vielen Bettler in der Stadt.

Am frühen Morgen steht der Alte auf, hustet sich die Bronchien frei und schleppt sich langsamen Schrittes zu einer günstigen Stelle am großen Marktplatz. Unterwegs trifft er auf seine Enkelin, die ihm ein Fladenbrot zusteckt. Die Kleine weiß, wo sie ihren Großvater finden kann. Dann läuft sie wieder zu ihrem Vater zurück; der bietet Holztiere zum Kauf an, kleine Büffel und Elefanten. Vielleicht kommen heute viele Touristen, und vor allem, hoffentlich kaufen sie ihnen ihre Holztiere zu einem guten Preis ab.

Der Großvater hat nichts anzubieten, er setzt sich auf seine Decke. Mit seinen verstümmelten Händen hält er den Passanten einen Becher entgegen und bittet um eine Rupie oder ein paar …

Er bettelt oft in der Stadt, doch meist tut er das stumm, den Kopf gesenkt. Sobald etwas Geld in seinem Becher klappert, steckt er es schnell in

seine Tasche. Manchmal wird er beobachtet; dann tauchen Jüngere auf, entreißen ihm den Becher und machen sich wieselflink davon.
Heute ist ein schlechter Tag. Spätnachmittags kommt seine Enkelin, anders als sonst, langsam auf ihn zu: „Großvater", enttäuscht schaut sie ihn an, „Papa hat nur ein Holztier verkauft ..." Der Großvater streicht ihr mit seinen Stummelhänden über den Kopf: „Morgen ist es besser." Am Abend wechselt er in die Nähe des Touristenzentrums. Hier muß er aufpassen: Die Polizei vertreibt rigoros jeden, der bettelt. Diesmal bleibt er unbehelligt und kann ein paarmal den Inhalt seines Bechers leeren. Dann schlurft er zu seinem Platz am Brückenpfeiler zurück.

Der alte Mann, Motilal Desai, ist 72 Jahre. Mit 35 erkrankte er an Lepra, verbrachte fünf Jahre auf einer Leprastation. Danach war er geheilt, doch die Folgen sieht man immer noch: Krallenhände, die Zehen amputiert, unförmige Füße. Auch seine Frau hatte Lepra. Seit ihrem Tod lebt Motilal Desai in der Familie seines Sohnes, der seinen Lebensunterhalt als Schnitzer verdient. Sie bewohnen eine Hütte in einem Dorf, dreißig Kilometer von der Stadt entfernt.
Das kleine Mädchen arbeitet mit, die Mutter liegt seit Monaten im Krankenhaus. Und der Großvater fährt trotz seiner Lungenerkrankung

ein paarmal im Monat in die Stadt: Wenn er die Kosten für Fahrt und Essen abzieht, bringt ihm das Betteln (umgerechnet) etwa siebzehn Mark ein, die er sofort seinem Sohn abliefert: Er weiß, wie nötig das Geld gebraucht wird.

Vor einiger Zeit hatten die Desais ein bedrükkendes Erlebnis: Ein ausländischer Wagen hielt vor ihrer Hütte; die Touristen fragten nach dem Weg. Freundlich gab der Sohn ihnen Auskunft und lud sie zum Tee ein. Die drei warfen einen Blick in die Hütte, verzogen die Mundwinkel, drehten sich um und fuhren davon.
„Warum kommen sie nicht herein?" fragte die Enkelin. Was sollte der Großvater sagen? Sein Sohn zog sich verbittert in eine Ecke zurück.

Erinnern Sie sich, liebe Leserin und lieber Leser? Vor 60 Jahren waren Kanalisation und Wasserspülung auch in unseren Breiten nicht selbstverständlich. Und in den Abteilen der Eisenbahnzüge stand auf einem Emailschild zu lesen:
In den Wagen spucken verboten!
Noch heute gibt es in manchen Häusern unserer Städte die Toilette auf halber Treppe oder über den Hof ...

Fortschritte

In diesem Landstrich Indiens hat das Leprakontrollprogramm guten Erfolg in der Bekämpfung der Krankheit. Ein Team, Arzt und Schwester, besucht regelmäßig die Dörfer.

Motilal Desai legt großen Wert darauf, daß seine Familie sich untersuchen läßt. Sein Sohn soll morgen das Töchterchen zur Kontrolle mitnehmen. Doch der winkt ab: „Keine Zeit! Morgen müssen wir den ganzen Tag Holztiere schnitzen. Außerdem mußten wir bei der letzten Untersuchung stundenlang warten."

„Das war vor einem halben Jahr. Sieh mich an, mein Sohn! Ich will nicht, daß es dir und meiner Enkelin genauso ergeht. Denk an deine Frau, die wäre bestimmt mit ihrer Tochter dabei!"

Natürlich sieht der Sohn ein, daß es nötig ist; aber das Geld geht zu Ende! Der Großvater läßt nicht locker: „*Ich* fahre morgen in die Stadt, vielleicht bringe ich dann etwas mehr Geld mit nach Hause." Widerwillig stimmt der Sohn zu.

Am nächsten Tag Routineuntersuchung. Der Vater ist gesund. Die einheimische Ordensschwester schaut sich das kleine Mädchen genau an, den ganzen Körper. Als sie einen weißen Flecken auf dem Rücken entdeckt, ruft sie den Arzt. Beim Nadeltest zuckt das Mädchen zusammen, schreit kurz auf. Doch dann lacht sie die Schwester an: „Keine Lepra, nicht wahr!?"

Der Vater strahlt: Nur eine ungefährliche Hautkrankheit! Sie bekommen eine Salbe, gehen zur Hütte zurück und machen sich an die Arbeit: Neue Holztiere für den Verkauf in der Stadt.

Als der Großvater zwei Tage später nach Hause kommt, hüpft ihm seine Enkelin freudig entgegen: „Ich bin gesund – mein Papa auch!"

„Fein!" schmunzelt der Großvater. „Und ich habe ein bißchen Geld mitgebracht."

Die Kleine fällt dem alten Mann um den Hals: „Du, dann fahren wir alle morgen in die Stadt ins Krankenhaus und besuchen meine Mama?"

„Natürlich", der Vater blickt von seiner Arbeit auf, „wir müssen ihr doch alles erzählen."

Wer wird mir helfen?

Die Not ist groß, nicht nur in Indien.
Schwache haben oft keine Chance zu überleben.
Seuchen raffen die Menschen dahin.
Brutale Gewalt auf den Straßen.
Anderswo wütet der Krieg.
Menschen töten Menschen.
Wer hilft?

In einer belagerten Stadt – *so wird berichtet* – erwarteten die Bewohner täglich den entscheidenden Sturmangriff. Im Luftschutzkeller eines Hauses fragte ein Junge seine Großmutter: „Ich habe Angst. Mama und Papa sind weit weg. Jeden Tag fallen die Bomben, schlagen Granaten ein – hilft uns denn niemand?"
Auch die Großmutter war ratlos. Schließlich sagte sie ihrem Enkel: „Menschen sollten anderen Menschen helfen. Aber ob sie das tun ...? Wir können Gott um seine Hilfe bitten. Beten."
Der Junge schaute seine Großmutter fragend an:
„Wird Gott uns wirklich helfen, daß wir hier gesund herauskommen? Brauche ich keine Angst zu haben?"
Die Großmutter schwieg.

Kreuzen Sie hier in jedem Feld die Aussage an, die auf Sie zutrifft.

Zählen Sie die Kreuze jeweils einer Farbe zusammen, und tragen Sie das Ergebnis auf der Rückseite in das passende Farbfeld ein. Ihre Gesamtpunktezahl können Sie dann schnell errechnen.

Ihr Immuncheck-Ergebnis:

Die Auswertung

x 3		
x 2	+	
x 1	+	
	Gesamt:	

… und was sie für Sie bedeutet:

14 – 18 Punkte: Prima! Um Ihr Immunsystem brauchen Sie sich zur Zeit nicht zu sorgen.

11 – 13 Punkte: Es kann für Ihr Immunsystem nur von Vorteil sein, wenn Sie gesundheitsbewußter leben. Wollen Sie es zusätzlich unterstützen, fragen Sie Ihren Apotheker. Er berät Sie gern.

6 – 10 Punkte: Vorsicht. Ihr Immunsystem kann zur Zeit gut eine Unterstützung gebrauchen. Fragen Sie Ihren Apotheker um Rat.

Ihr Enkel drängte, forderte sie: „Du liest in der Bibel. Erzähl mir von dem Gott, der uns rettet, von dem Gott, der uns liebt!"
Langsam legte die Großmutter ihren Arm um die Schulter des Jungen. Mit der anderen Hand faßte sie die kleine Hand ihres Enkels.
Dann brach sie ihr Schweigen: „Daß uns nichts passiert, das kann ich dir nicht versprechen. Aber eines glaube ich: Was auch geschieht – Gott hält uns alle fest in seinem Arm, dich und Mama und Papa und mich. Bitte, laß mir etwas Zeit! Vielleicht kann ich dir morgen davon erzählen, wie Gott uns hilft."
Behutsam zog die Großmutter ihren Enkel an sich, ganz dicht.

Großmütter sind Mütter,
die von Gott eine zweite
Chance erhalten haben.

Sprichwort aus den Niederlanden

Berg- und Talfahrt

Von Eltern und Großeltern

Wie war das früher – und heute?

• Sie stricken um die Wette, Strümpfe, Schals und Mützen. Mit ihren weißen Haaren sitzen sie am Fenster und haben ein wachsames Auge auf die Nachbarschaft: Großmütter vor sechzig Jahren, würdig und distanziert. *Ein Klischee?* Solche Würde wurde später verspottet: *Meine Oma fährt im Hühnerstall Motorrad …*

• „Mit meinen 58 Jahren bin ich gesund, natürlich berufstätig und engagiere mich für die Umwelt: ‚Bio-Oma', sagt mein Enkel."
Großmütter heute – sie mischen mit, in Kirchengemeinden, in Wirtschaft und Politik. In Lateinamerika protestieren sie gegen die Verschleppung ihrer Enkel; in Rußland betreuen sie die Kinder, weil deren Mütter zur Arbeit gehen müssen; sie übernehmen die Erziehung und führen die Enkel in den christlichen Glauben ein.

• Mehr und mehr verdrängt die *Oma* die *Großmutter: Oma* klingt vertraut, verständnisvoll, zärtlich; *Oma* hat immer Zeit (?), spielt mit den Enkeln (und verwöhnt sie …?)

• „Die Konkurrenz zwischen unseren Großmüttern geht mir auf den Geist", klagt ein junger Vater (nicht nur er allein). „Das *beste* Geschenk, das *schönste* Mitbringsel muß es sein …"

• „Unsere Oma wohnt um die Ecke" – abruf- und einsatzbereit wie die Feuerwehr (und billiger als die Tagesmutter). Nicht nur bei uns: „Granny" in Amerika, „Babuschka" in Rußland. Zuweilen mißbraucht als *Oma fürs Grobe.*

• Die junge Mutter: „Eine unserer Großmütter ist ideal: Sie packt mit an, wenn sie gebraucht wird, sie verkneift sich (manchmal) den Satz: ‚Ich habe das früher immer *so* gemacht.' Sie kriegt keine Kopfschmerzen, wenn die Kinder herumtollen, und sie spürt, wenn es Zeit wird zu gehen."

• „Zweimal im Monat kommt die *Leih-Oma* zu uns und betreut meine kleine Tochter; die ist begeistert, und ich kann in Ruhe einkaufen", berichtet eine alleinerziehende Mutter.

• Der „Oma-Hilfsdienst" in Hamburg vermittelt Senioren, die jungen Familien helfen wollen – freiwillig und ehrenamtlich. Auch *Leih-Opas* machen mit.
In anderen Städten gibt es ähnliche Einrichtun-

gen, oder sie sind geplant: Eine(r) muß die Initiative ergreifen, dann ziehen andere mit.

• *Zwillingsenkel beschweren sich:* „Unsere Oma guckt in alle Ecken, motzt und meckert mit uns und mit Mutti. Wir sind froh, wenn sie weg ist!"

• „Wieder mal die Oma auf 204" – so heißt es zuweilen im Altenheim, plump-vertraulich: *Sprache entlarvt.*

• „Wir sehen unsere Großeltern nur an Weihnachten oder vielleicht an unserem Geburtstag. In der anderen Zeit sind sie unterwegs. Sie sagen immer: Wir haben das ganze Leben gearbeitet, jetzt wollen wir unsere Ruhe haben und unsere Freiheit genießen.
Wenn sie kommen, dürfen wir auch nicht Oma oder Opa sagen, nur ‚Großmutter' und ‚Großvater'. Aber das klingt so feierlich."

• „Unsere Oma ist ziemlich klapperig und spielt oft mit ihrem Gebiß: Rein und raus! Abends braucht sie nie die Zähne zu putzen. Ganz praktisch – einfach ins Glas! Eine lästige Arbeit weniger. Schade, daß *ich* das nicht kann", meint der neunjährige Enkel.

• „Meine Omas sind klasse – beide. Bei ihnen gibt's keine Ohrfeigen, aber mein Leibgericht! Die eine bastelt mit mir, die andere geht mit auf die Kirmes. Wenn ich Lust habe, darf ich einfach zu ihnen kommen. Kein Problem!"

„Wir werden Großeltern" – *Hurra! Na ja …*

Situationen: Konflikte und Chancen

• Kaum ist das Kind geboren, eilt der stolze Vater ans Telefon: „Schwiegermutter! Herzlichen Glückwunsch! Du bist ‚Tages-Oma' geworden: Ein Mädchen, kräftig, gesund. Halt du dich jetzt fit fürs Babysitten!"

• „Na ja", brummt der Opa, „wir wußten, was kam. Aber mußten die beiden uns jetzt schon zu Großeltern machen? Nun sind wir alt!" „Unfug!" wirft seine Frau ein. „Du wirst stolz sein. Kümmere dich um deinen Enkel, dann bleibst du jung."

• Bei der ersten Andeutung der Schwiegertochter hat die werdende Oma sofort geschaltet: „Du kriegst ein Kind, prima! Sicher ein

Stammhalter! Das erste muß immer ein Junge sein."

Opa dagegen: „Von mir aus kann es ein Mädchen werden – später so wie ihre Mutter. Die ist in Ordnung!"

• Bis zur Geburt dauert es noch, aber die Oma hat längst ihre Pläne gemacht; und an einem schönen, friedlichen Sommertag ruft sie die werdende Mutter an: „Mach dir keine Sorgen! Wenn du soweit bist, komme ich zu euch, übernehme den Haushalt, versorge deinen Mann –
(Oma hustet und denkt: Dann bekommt der endlich mal sein Leibgericht zu essen, und ich kann eure Küche auf Vordermann bringen ...)
und wenn du mit unserem Enkel nach Hause kommst, helfe ich dir. Gerade beim ersten Kind ist die Umstellung so groß – *(Oma hustet wieder und denkt: Du hast wenig Ahnung, aber ich hab' Erfahrung! Nicht auszudenken, was du alles falsch machen kannst ...)*
Ich nehme an, ihr habt nichts dagegen, wenn ich dann noch einige Zeit bei euch bleibe ..."
– *Pause – Warum sagen die nichts?*
Der werdende Vater hat alles mitgehört; erst etwas ungläubig, dann ziemlich entsetzt.

> Kluge Leute entfernen sich von Dingen, ehe sich die Dinge von ihnen entfernen.
> *(Spruchweisheit)*

Er übernimmt das Telefon: „Hallo Mutter! Damit das von vornherein klar ist: Wenn du wirklich meinst, du könntest uns einfach überfallen und dich über mehrere Wochen bei uns breitmachen, dann bist du im Irrtum! Daraus wird nichts. Basta!"
Zack, liegt der Hörer auf der Gabel. Die Frau sieht ihren Mann besorgt an: „Ich habe das ja auch gedacht, mein Schatz, doch wenn *ich* das gesagt hätte ..."

• Nach der Geburt seiner Enkeltochter hat der Großvater einen schönen Traum, eine Zukunftsvision: Mit dem Baby kann ich jetzt nicht viel anfangen, und Kille-kille-machen liegt mir nicht. Aber – fünf Jahre weiter! Meine Enkelin! Dann bringe ich ihr Radfahren und Schwimmen bei.
Und später ruft sie mich an: „Opa, hast du heute Zeit für mich?"
„Klar doch, für dich hat der Opa immer Zeit!"

Von Eltern und Großeltern …

• Beim Abendessen der jungen Familie klingelt das Telefon; der Vater zum Siebenjährigen: „Das sind sicher die Großeltern. Frank, geh du mal dran und sag ihnen, wir haben jetzt keine Zeit!"

• *Eine junge Mutter:* Als Eltern führen wir manchmal einen Zwei-Fronten-Krieg. Mit unseren Kindern haben wir viel Freude, doch auch einige Probleme – andererseits gehen uns zuweilen die Großeltern gehörig auf die Nerven!

Aus „Lebensregeln für ältere Menschen" (gekürzt):
Du sollst dich weder wundern noch ärgern, wenn du merken mußt, daß die Jüngeren öfters keine Zeit für dich haben, daß du sie, so gut du es mit ihnen meinen magst, gelegentlich störst und langweilst und daß sie dann unbekümmert an dir und deinen Ratschlägen vorbeibrausen.

Karl Barth (1886–1968), reformierter schweizerischer Theologe, in seinen letzten Lebensjahren

• Die junge Familie (Eltern, drei Kinder) lädt sich bei den Großeltern ein: „Wir sind lange

nicht mehr bei euch gewesen. Am Wochenende haben wir Zeit, dann kommen wir zu euch. Okay?"
Opa strahlt – Oma muß schlucken: Seit Monaten ist für dieses Wochenende ihr Ausflug mit den Kegelschwestern geplant, darauf hat sie sich sehr gefreut. Was nun?

• „Wir sind seit zwölf Jahren Großeltern. Mit unseren Enkeln verstehen wir uns ausgezeichnet, zu unseren erwachsenen Kindern haben wir gute Kontakte. Das gibt es auch, Gott sei Dank!"

• *Gespräch unter Großeltern:* „Mag sein, daß das in anderen Familien besser läuft – aber unsere Kinder nutzen uns ganz schön aus: Wöchentlich an zwei Abenden babysitten, oft auch sonntags. Eigentlich hatten wir uns das doch anders vorgestellt ..."
„Um Gottes willen, bitte sag nichts, sonst gibt es wieder Krach!"

• Schon häufig hat die neunjährige Ilona erlebt, wie ihre Eltern sich massiv streiten; und das dauert lange. Die Tür schlägt zu, der Vater geht weg, und die Mutter heult: „Laß mich in Ruh, Ilona, schlaf!"
Einmal ist – mitten in einen solchen Streit – die

Großmutter hineingeplatzt: Auf einmal waren sich die Eltern einig …
Doch als die Oma weg war, ging der Krach weiter, und Ilona bekam alles mit.

• Nach vielen Auseinandersetzungen ziehen sich die Großeltern zurück; es geht nicht anders: Funkstille für lange Zeit.
Die Großmutter klagt: „Warum ruft niemand mehr an? Jetzt sind wir allein!"

• „Wenn die Enkel zu Besuch kommen, ist es ganz schön, aber sonst ist es ganz schön beschissen. Manchmal sagen unsere Kinder es recht deutlich: Wir können euch nicht gebrauchen."

Ein Lied vom Frieden

Laßt die Sonne aufgehen, jeden Morgen;
strahlend weckt sie den jungen Tag.
Singt das Lied vom Frieden!
Beten ist gut, Singen noch besser:
Darum singt das Lied vom Frieden
laut und aus voller Überzeugung!

Schaut nicht zurück auf die,
die von euch gegangen sind.
Schaut nach vorn, in die Zukunft,
aber nicht durch das Visier einer Waffe!
Singt das Lied der Liebe,
vergeßt die Lieder von Krieg und Gewalt!

Frieden kommt nicht von allein –
macht den Tag heute
zu eurem Friedenstag!
Überall und immer wieder singt
SHALOM,
das Lied vom Frieden!

Nach einem Lied von Jaacov Rotblit
(Der ermordete israelische Ministerpräsident Jitzhak Rabin trug diesen Liedtext bei sich)

Bemerkenswert ...

- „Ja, bei den Großvätern ist die Weisheit, und der Verstand ist bei den Alten."

Hiob 12, 12 – in der Übersetzung Martin Luthers; er setzt die Aussage in Anführungszeichen. War er nicht sicher?
Ist ihm aufgefallen, daß die Groß-Mütter nicht genannt sind?

Vielleicht war es damals für alle Menschen ganz klar: Unsere Großmütter haben auch Weisheit, Rat und Einsicht!
Doch Martin Luther will noch auf etwas anderes hinweisen:
Bei Ihm (bei Gott) ist Weisheit und Rat. –

• Neulich im Bus fragt ein Sechsjähriger eine ältere Frau, die gerade von der Arbeit kommt: „Du bist alt, stimmt's?"
Die Frau nickt ihm lächelnd zu.
„Bist du schon eine Oma?" – „Ja", antwortet die Frau.
Der Junge mustert sie genau. Dann sagt er tröstend: „Fürs Kinderhüten reicht es noch."

• „Mama", fragt der Sohn, „wie alt ist unsere Oma wirklich? Gestern hat sie ihren 59. Geburtstag gefeiert – genau wie im letzten Jahr ..."

• Hat einer dreißig Jahr vorüber,
So ist er schon so gut wie tot.
Am besten wär's, Euch zeitig totzuschlagen.

Mephisto in Goethes Faust

• Zu George Bernard Shaw (1856–1950) kam ein junger Mann und fragte: „Bringt Ihr hohes Alter nicht auch manche Probleme mit sich?"
Shaw: „Schwierig. Ich will Ihnen ein Beispiel

geben: Ein Esel ist mit 20 Jahren viel älter als ein Mensch mit 85."

- Man braucht lange, um jung zu werden.

Pablo Picasso (1881–1973)

- Erwachsene, behaltet euren Kindergang bei (Gebet)

Peter Handke (geboren 1942)

- Eine Träne weniger, ein Lächeln mehr, das ist mein Motto!

Sarina aus Monreale bei Palermo, eine engagierte, auch recht humorvolle Frau. Die pensionierte Lehrerin (71 Jahre) betreut eine Gruppe von Kindern, um die sich niemand kümmert.

‚Junge' Familien

Wir – sind ein Kreis junger Familien. Seit 1961 treffen wir uns regelmäßig. Damals waren es zwölf Paare, heute sind es neun Paare, davon drei '61er.
Die Eltern von damals sind die Großeltern heute. Und die Kinder von damals haben heute selbstverständlich ihre eigene Gruppe. Manches machen wir gemeinsam:

Einmal im Jahr ein Wochenende mit Kindern und Enkeln, zweimal jährlich unsere Diskussionsabende, zuletzt zum Thema Alt und Jung. Kein Wunder, daß gerade hier die Meinungen aufeinanderprallen!

• Was heißt *alt?*
Es gibt 19jährige, die schon vergreist sind.
Manche 70jährige erweckt den Eindruck, als hätte sie die letzten fünfzig Jahre vergessen (mit Volldampf im zweiten Frühling); ihre Gesichtszüge sind nicht zu durchschauen, wandelnder Farbkasten mit Minirock und Stökkelschuhen.
Ähnliche Erscheinungen gibt es auch bei Männern.

> Man lacht nicht,
> weil du *alt* –
> glaub mir,
> man lacht allein,
> weil du, die doch
> so alt,
> durchaus nicht
> alt willst sein.
> *(Andreas Gryphius, 1616–1664)*

• Ein paar Frauen und Männer in unserem Kreis kennen nur ein Thema: Krankheiten.
In jedem Gespräch landen sie todsicher bei ihren Beschwerden. Mag es einem anderen noch so schlecht gehen, es zählen nur ihre Probleme, ihre Gebrechen. Sie reden und reden, am Ende nur noch allein.

> Gut, wer
> schweigen
> und aufmerksam zuhören
> kann!
> *(Spruchweisheit)*

• Vergleichsweise nett: „Kennt ihr die neuen Fotos von meinen Enkeln?" – Fast jeder hat sie schon dreimal bewundert. Höflich studieren wir sie nochmals.

• Seit Jahren ist sie gefragt, unsere ‚Senioren-Feuerwehr' – Frauen und Männer, Spezialisten für Auto, Haushalt, Garten und Elektronik.
Bei den Enkeln ist die ‚Eingreiftruppe' vor Klassenarbeiten, Prüfungen und ähnlichen Erdbeben sehr beliebt.
Zwei aus unserem Kreis machen ihr goldenes Sportabzeichen: Bereit für handfeste Einsätze.
Eins müssen wir alle lernen:
Abrücken, sobald es möglich ist! Distanz halten.

• Wir erleben Freude und Leid. Schicksalsschläge. Und doch: Wir leben auf Hoffnung hin.

Wenn Alt und Jung zusammenleben

• *Die Familie:*
„Der Großvater wird schwierig. Sein Verstand, die Reaktionen lassen nach. Wieweit sollen wir darauf Rücksicht nehmen?"
„Das kann man auch anders ausdrücken: Opa ist nicht mehr ganz richtig im Kopf. Wie er sich neulich beim Kaffeetrinken benommen hat, vor unseren Gästen – schüttet sich die Untertasse voll Kaffee, schlürft den Kaffee von der Untertasse. Unmöglich!
Auf gar keinen Fall dürfen wir Opa zum Gartenfest mitnehmen. Sonst blamieren wir uns bis auf die Knochen."

Der Großvater:
„Warum soll ich nicht mitkommen? Ich trinke immer von der Untertasse, dann ist der Kaffee nicht so heiß.
Mit 76 Jahren funktioniert mein Verstand noch ausgezeichnet, ich zittere nicht mit den Händen, und bei Tisch habe ich mich immer benehmen können.
Damit das klar ist: Ich lasse mich von euch nicht bevormunden! Dann wehre ich mich.
Was haltet ihr davon, meine Lieben, wenn ich bei nächster Gelegenheit so zielgenau in den

Kaffee blase, daß er hörbar und lange blubbert?" –

• Marie-Therese (12 J.) berichtet:
Einmal saßen wir, Papa, Mama, meine Brüder Andreas und Matthias, ich, und natürlich Opa, nach dem Mittagessen noch ein bißchen am Tisch und erzählten uns Witze.
Plötzlich fragte Andreas: „Du, Opa, kanntest du nicht einen Witz mit so 'nem Taubstummen?"
Andreas hatte das ziemlich leise gefragt. Opa reagierte überhaupt nicht.
Also machte ich meinen Bruder darauf aufmerksam: „Mensch, Andreas, du mußt lauter reden und den Opa angucken, er versteht dich sonst nicht."

Für ein gutes Zusammenleben von Alt und Jung ist sicher auch das Wort von *Reiner Kunze* (*1933) zu bedenken:

Zuhören kann fast nur noch der taube
Er *will* verstehen
Und nur der stumme auch weiß, was es heißt,
Vergebens ums wort zu ringen

• *Der Herr hat den Kindern geboten, ihren Vater zu ehren und ihre Mutter zu achten.*

Mein Sohn: Ist dein Vater alt geworden,
dann sorge für ihn, solange er lebt!
Sei nachsichtig und beschäme ihn nicht,
wenn sein Verstand abnimmt!
Vergleiche ihn nicht mit dir – du
stehst ja noch in der Vollkraft deiner Jahre!
Wer Vater und Mutter im Stich läßt, der
handelt wie jemand, der Gott lästert.
Bist du aber gut zu deinen Eltern –
dann wird Gott dich segnen
in deinem ganzen Leben.

Nach Jesus Sirach, Kapitel 3

Jeden Morgen weckt der Herr mir das Ohr,
damit ich wie ein Freund auf ihn höre.

Nach dem Propheten Jesaja, Kapitel 50

Aufrecht
stehen
wachsen
blühen
bei Sonne und Regen
tief verwurzelt in der Erde oder im Fels
rauschender Wind in den Blättern –

Stützend
dicht neben mir
gibt einer Halt wenn Unwetter kommen
seit der Sturm ihn geknickt hat
stehe ich allein
doch ich halte mich
aufrecht

Warten in Geduld

Hanna – eine Frau in der Zeitenwende

„Nein! Ewiger, gelobt sei dein Name …, ich will nicht lästern, aber … du weckst nicht mein Ohr, ich kann dich nicht hören. Bist du wirklich mein *Freund?* Mein Mann war dein Freund, damals, vor vielen Jahren …“
Die alte Frau wirft sich auf ihrem Lager hin und her, dann sackt sie zusammen und murmelt:
„Nur sieben Jahre dauerte unser Glück, ein plötzlicher Tod raffte ihn dahin – du hast ihn dahingerafft! Seitdem lebe ich als Witwe in deinem Tempel, mehr als sechzig Jahre, nahe bei dir, Herr, und doch weit weg … *Kennst du mich?* Hanna, die Tochter Penuels, aus dem Stamm Ascher. Allmächtiger! Du hast diese Krankheit auf mich geworfen, das Fieber, die Schmerzen. Du strafst mich in deinem Zorn. Warum?“
Nur langsam wird sie ruhiger und schläft ein.
Im Traum sieht sie die glücklichen Jahre ihrer Ehe wieder auftauchen … ihr Vater Penuel führt sie als Braut unter den Hochzeitshimmel, ihr Mann …
Urplötzlich wechseln die Traumbilder, sie steht am Sterbelager ihres Mannes, als sei es gestern gewesen und nicht schon vor Jahrzehnten …

Hanna erinnert sich an ein altes Lied, und noch im Traum breitet sie die Hände aus:

DU – Höchster, ich schreie zu dir.
Warum wendest du dich ab, wenn ich rufe?
Du hast es unseren Vätern versprochen: Einmal, einmal wird Er kommen, der Verheißene.
Löst du so deine Zusage ein?
DU – Ewiger, ich möchte dir vertrauen.

Die alte Frau lebt vom Vertrauen. Trotz allem. Sieben Jahre Ehe sind keine lange Zeit. Nach dem Tod ihres Mannes hat Hanna sich entschieden, als Witwe zu leben. Nicht einfach für eine junge Frau – auch wenn der Stand der Witwe geschützt ist durch die Weisung des Mose.
Hanna zieht es in den Tempel. Sie betet und fastet zu den festgesetzten Zeiten.
Hanna lebt allein, doch mit ihrem Volk. Sie lernt zu warten – auf den, den Gott seinem Volk versprochen hat, den Gesalbten, den Messias.

Wenn die Zeit sich erfüllt, dann werden
die Völker hinaufsteigen zum Haus des Herrn.
Er wird uns seinen Weg zeigen.
Hell leuchten wird uns sein Licht.

Nach dem Propheten Jesaja

Warten – fragen: Ob Er kommt? Wann?
Hanna versteht es, die rechten Worte zu finden, wenn sie im Tempel gefragt wird nach dem, der kommen soll.

Sie – eine alte Frau – deutet die Pläne Gottes.
Sie gilt nicht *allein* als Seherin, als Prophetin des Ewigen. Auch Simeon, ein Greis, wartet auf den, der dem Volk versprochen ist: Hanna und er tauschen ihre Fragen und Hoffnungen aus.
Es sind unsichere Zeiten in Israel. Einige wollen den politischen Umsturz. Andere passen sich an, wollen mit Hilfe der Römer Karriere machen.
Simeon und Hanna warten in Geduld. Das Neue muß wachsen – einmal kommt der Tag …

Seltsame Unruhe erfaßt die Frau. Aus ihrer kleinen Kammer im äußeren Bezirk eilt sie in den Tempel. Dort – ein junges Paar bringt sein Kind, den Erstgeborenen, zum Haus Gottes.
Doch hier geschieht mehr. Simeon hat eine Botschaft Gottes erhalten: Der Säugling, dieses Kind ist der Messias, der Retter, Christus, der Gesalbte. Auf ihn haben sie gewartet.
Jetzt ist er da. Jetzt wird alles gut. Die Vision reißt den alten Mann hin, läßt ihn tanzen vor Freude. Strahlend schaut er die Eltern an, und behutsam nimmt er das Kind in seine Arme:

Herr, nun ist meine Zeit gekommen,
nun kann ich in Frieden sterben.
Mit meinen Augen habe ich Ihn gesehen:
Er wird uns retten.
Er bringt allen Völkern das Heil.

Hanna steht in der Nähe, hält sich zurück; doch sie hört jedes Wort. Als Simeon den Eltern, Maria und Josef, seinen Segen gibt, tritt sie näher. Ihr Herz schlägt zum Zerspringen. Worauf sie gewartet hat, das erfüllt sich jetzt, in diesem Augenblick:
Gott wird jung. In diesem Kind.
Er ist unsere Hoffnung.
Die alte Frau jubelt und preist den großen Gott:

Voll Freude ist mein Herz.
Ich freue mich über den Herrn.
Jubelt und jauchzt, alle Welt!
Der Herr, unser Gott, ist mitten unter uns.

Frei nacherzählt (Lukas, Kapitel 2)

Alle Tage

Heute muß ich einfach danken,
danken für mein Leben:
Glück und Unglück, Leid und Freude
wurden mir gegeben.

Wenn ich nicht mehr weiterwußte,
standen Freunde mir zur Seite,
haben mich in manchen Stürmen
festgehalten und begleitet.

Heute will ich herzlich danken
meiner Frau: In all den Jahren
hab' ich ihre starke Liebe
einfühlsam erfahren.

Dank für unsere Kinder, Enkel,
für die vielen frohen Stunden;
dadurch haben wir gewiß
auch im Kummer Trost gefunden.

Alle Tage will ich danken.
Du unser Gott: Wir danken dir,
und wir bitten dich von Herzen:
Segne uns – heute und hier!

Unsere Zukunft

Wenn die Enkel flügge werden

Omas liebe Gäste

Frau Hauser ist nicht anzusprechen. Mit hochrotem Kopf eilt sie durch die Küche und bereitet das Abendessen vor, für ihren Mann und vier Gäste. Die Putenkeulen hat sie gestern schon angebraten und –

„Willi, hol bitte Kartoffeln aus dem Keller, aber ausgesucht schöne Exemplare!"

„Liebes, wir haben nur wunderschöne Kartoffeln im Keller, von *deinem* Markthändler!"

„Ach, laß mich in Ruh! Gerade bin ich vom Dienst gekommen, im Betrieb war der Teufel los, jetzt die Arbeit mit dem Abendessen, schließlich bin ich nicht mehr die Jüngste, und wenn ich daran denke ... – *wo ist das scharfe Küchenmesser geblieben?* – eigentlich können mir zwei unserer Gäste gestohlen bleiben ..."

Da klingelt das Telefon: Die Gäste sagen ab, alle. Der Hausfrau bleibt der Mund offen stehen: „Willi, was machen wir jetzt mit all den Putenkeulen? Willst du tagelang Pute essen?"

Will er nicht; doch dann hat er eine Idee: „Du, seit unsere Enkelin Beatrix zu Hause ausgezogen ist, wohnt sie hier in der Nähe. Studenten haben immer Hunger, und sie weiß, daß ihre Großmutter hervorragend kocht. Sicher kann sie noch zwei Bekannte mitbringen ..."

Beatrix ist sofort bereit. Kurz darauf fällt sie ihrer Oma um den Hals: „Toller Einfall von dir! Schau mal, wer da noch kommt!"
Auch die jüngste Enkelin Karolin nimmt ihre Großmutter fest in den Arm (und bricht ihr bald zwei Rippen). Die Bekannten, zwei junge Männer, sind schon im Wohnzimmer. Einer plauscht mit dem Hausherrn über ihr gemeinsames Hobby, Modelleisenbahnen, der zweite schnuppert und sehnt sich nach dem guten Essen.
Als das aufgetragen ist, wundern sich die Großeltern, wie schnell die Putenkeulen verschwinden und daß Beatrix begehrlich nach der letzten Keule schielt. Der Großvater möchte es genau wissen und fragt in seiner zurückhaltend-vornehmen Art: „Beatrix, hattest du nicht eine gewisse Vorliebe für ... hm, rein vegetarische Kost auf bio-energetischer Grundlage?"
„Körnerfraß!" kichert einer der jungen Männer.
„Das war früher mal", entgegnet die Enkelin, „mit Gänseblümchen vergnügen sich heute die Fünfzehnjährigen, nicht wahr, Karolin?"
Oma hat längst gemerkt, daß das Nesthäkchen der Familie nur am Blattspinat knabbert. Sag lieber nichts, denkt sie. Die anderen nagen mittlerweile das letzte Stückchen Fleisch von den Keulen ab. Die Schüsseln sind leer.
Auf dem Weg zur Küche entdeckt Großmutter in einer Ecke zwei Schlafsäcke. Was soll das?

Beatrix stürzt auf sie zu und gibt ihr einen schmalzigen Kuß: „Ach, Omilein, Karolin und ich haben gedacht, wenn du uns schon so lieb einlädst, wollen wir dich nicht enttäuschen und über Nacht bleiben. Morgen habe ich keine Vorlesungen, Karolin hat Ferien, und Mama weiß Bescheid. Omilein, ist das nicht wundervoll?"
Bei der Anrede ‚Omilein' beginnt in Großmutters Hirn eine rote Lampe zu blinken, und eine Sirene sendet warnende Dauertöne. Ähnlich hat schon Beatrix' Mutter versucht sich einzuschmeicheln, in alten Zeiten.
Der Großvater schmunzelt, als er seine Ehefrau ansieht: „Wir haben sicher nichts dagegen, wir freuen uns, nicht wahr, Oma?"
Die seufzt ergeben: „Na gut, das Frühstück machst du ja immer, Opa!"
„Prima!" jubelt Karolin. „Heute nacht läuft ein toller Musikfilm im Fernsehen. Und bei euch können wir den Ton voll aufdrehen!"
Nun überlegt auch der Hausherr, ob es die richtige Entscheidung war ...
Inzwischen helfen Karolin und die jungen Männer beim Abräumen und Abwasch.
„Karolin, wo ist Beatrix?" fragt Oma.
„Die holt nur eben die Plastiktüte mit ihrer schmutzigen Wäsche aus dem Auto hoch."
„Das gibt es doch nicht!" entfährt es der Oma.

„Wir hatten euch zum Essen eingeladen; ungewöhnlich, daß einer der Gäste seine dreckige ..."
„Omilein, nicht aufregen!" bittet Karolin. „Das Waschen macht doch die Maschine, und mit dem Bügeln hast du Zeit bis Samstag!"
Die jungen Männer müssen plötzlich gehen. Sie bedanken und verabschieden sich.
Als Beatrix dann mit zwei großen Plastiktüten Schmutzwäsche die Treppe hochkeucht, sagt Oma nichts, aber sie hat einen festen Entschluß gefaßt: Einmal und nicht wieder!
Der Großvater nimmt seine Frau in den Arm, schaut sie liebevoll an: „Schatz ..."
„Ja ja", lächelt der Schatz etwas dünn. Dann fällt ihr ein: „Versteck sofort deinen Autoschlüssel! Beatrix hat gerade ihren Führerschein gemacht ..."
„Oma", ruft Beatrix aus dem Badezimmer, „du kannst morgen länger schlafen. Wenn Opa mir seinen Wagen gibt, fahre ich dich zum Dienst. Seit vierzehn Tagen habe ich meinen ‚Lappen', und eure Enkelin fährt immer noch unfallfrei!"
„Einverstanden!" Opa ist großzügig. „Und am Abend sprechen wir über die Form eurer künftigen Besuche. Dabei kannst du, Beatrix, deine Wäsche bügeln. Ruhig hier im Wohnzimmer ..."

Nein, nein, bitte nicht! Die Oma fährt auf aus ihrem Traum, sitzt aufrecht im Bett: Im Wohn-

zimmer bügeln – das gibt es nicht! Dann seufzt sie erleichtert und kuschelt sich an ihren Mann: „Ich hatte einen Alptraum.“

Reif werden bedeutet, daß man alt genug ist,
um zu wissen, was man nicht tun sollte,
und noch jung genug, um es trotzdem zu tun.

Claude-Adrien Helvétius (1715-1771), französischer Philosoph

Damit du Bescheid weißt

Ich bin deine Großmutter.
Aber nicht deine Mutter.

Ich bin alt.
Aber nicht verkalkt.

Ich bin gern bereit zu helfen.
Doch ich lasse mich nicht ausnutzen.

Ich bin nicht reich.
Aber einmal (!) darfst du mich anpumpen.

Meine Tür steht dir offen. Ich freue mich,
wenn du kommst – und wieder gehst.

Ich möchte, daß wir uns gut verstehen.
Du darfst deinen Teil dazu beitragen.

Glaub mir:
Ich habe dich lieb.

… gar nicht so einfach

Großzügigkeit ist eine Tugend. Gerechtigkeit auch.

Großvater W. hat einiges auf der hohen Kante liegen. Alle wissen: Unser Opa ist genau und hält sein Geld zusammen. Seit Omas Tod noch intensiver; auch Oma hatte sich aus seinen Geldgeschäften herauszuhalten. Eigentlich ist er recht sympathisch, doch in diesem Punkt geht er, stur wie ein Panzer, über alle Einwände hinweg.

Als er eines Tages einen Überschuß feststellte, mit dem er nicht gerechnet hatte, freute er sich natürlich; doch zugleich kamen die Sorgen: Wohin damit? Schließlich hatte er die Lösung: *Ich will großzügig sein! Ein wenig davon gebe*

ich meinen heranwachsenden Enkeln – nein, nur der Jüngeren! Der Älteste bekommt nichts!
Als eine leise Stimme in seinem Inneren dagegen sprach, preßte Opa die Lippen zusammen und schob die Bedenken beiseite.
Beim nächsten Besuch steckte er der Jüngeren einen Umschlag zu: „Für dich, ganz allein! Und psst!"
Die Enkelin entdeckte einen Scheck über zweitausend Mark, auf ihren Namen ausgestellt.
Sie holte tief Luft und das Geld von der Bank.
Schmunzelnd gab sie die Hälfte ihrem älteren Bruder: „Für dich, ganz allein! Und psst!"

> Die Großeltern sagen: Jung sein ist kein Vorzug, und keine Entschuldigung für Dummheiten …
> Die Enkel sagen: Alt sein auch nicht!

Nachhilfe

„Ätzend! Seit über einer Stunde suchen wir auf dem Rastplatz einen, der uns mitnimmt, die letzten 180 Kilometer. Überall Kopfschütteln. Das sind öde Typen, sogar die Leichenfrau da

drüben. Dabei habe ich sie nicht mal angebaggert. Wie die mich abgefertigt hat, ganz cool: ‚Siehste, das geht dir am Arsch vorbei!' Die Tussi hat wohl den Schuß nicht gehört!"

„Sascha! Ich finde das auch doof. Aber dir ist die Hitze zu Kopf gestiegen! Du gehst mir gehörig auf den Keks mit deiner ewigen ultra-mega-turbo-geilen Kids-Sprache! Die ‚törnt mich gar nicht mehr an'!"

Gabi wischt sich den Schweiß von der Stirn. „Und merk dir: Ich bin weder dein Highlight noch dein Satellit! Auf gut deutsch: Red vernünftig!"

Sascha knurrt: „Vergiß es!"

Da faßt Gabi ihn am Arm: „Du, wir fragen die beiden da. Vielleicht haben wir bei denen mehr Glück."

„Die Oma mit dem alten Schlitten willst du an..., fragen?"

„Und den Opa, genau!" lacht Gabi, zieht ihre knappen Shorts etwas runter und ...

Auch das ältere Ehepaar leidet unter der Hitze. Sie haben auf dem Autobahnrastplatz eine Pause eingelegt. Etwa 200 Kilometer liegen noch vor ihnen. Gleich will sie das Steuer übernehmen. Auf dem Rastplatz suchen einige Anhalter eine Mitfahrmöglichkeit, auch eine langmähnige Blondine. Aber der Mann schüttelt

den Kopf; seine Frau flüstert ihm zu: „Du hast recht, die nicht! Der Nasenring paßt nicht zu ihrem Teint."
Als Gabi und Sascha ihr Anliegen vortragen, läßt der Mann wohlgefällig seine Augen von Gabis Hals ab südwärts wandern ... Seine Frau sieht das wohl, doch sie findet die beiden auch sympathisch.
Also fahren sie mit. Aufatmend verstauen sie ihr Gepäck. Die Frau hinter dem Steuer fährt in rasantem Spurt direkt auf die linke Fahrbahn, die Tachonadel klettert, der Mann neben ihr grinst: „Sie brauchen keine Angst zu haben, 170 fährt dieses Vehikel allemal noch, und meine Frau kennt die Strecke wie im Schlaf. Wir fahren oft zu unseren Enkelkindern. Der Älteste macht bald sein Abitur."
Gabi staunt: „So große Enkel haben Sie schon?"
„Und Sie haben blitzschnell ausgerechnet, wie alt wir beide sind", lacht die Frau, „72 – na ja."
Als Sascha einfühlend bemerkt: „Besser 'n alter Schinken als unreifes Kalbfleisch ..." spürt er postwendend Gabis Ellenbogen in seiner Seite.
Der Beifahrer wirft einen Blick nach hinten und möchte gern die wohlgeformten Beine der jungen Frau in Augenschein nehmen. Da tritt seine Frau das Gaspedal durch ... Er wendet seine Blicke nach vorn. Die Frau schmunzelt befriedigt: „Wenn es nicht so heiß wäre, würde mir

das Fahren mehr Spaß machen. Gut, daß die meisten auf der rechten Spur dahinschleichen."
Gabi hält die Luft an: Von Thema eins bei dieser Hitze, worüber alle Welt spricht, davon haben die beiden offensichtlich nichts gehört, oder ...?
„Meine Frau hat Temperament", freut sich der Mann, „und sie ist nicht auf den Mund gefallen. Neulich hat sie im Bus stehen müssen, vor ihr saßen zwei piekfeine Jüngelchen mit ..."
„Die trugen Docs mit zwei verschiedenfarbigen Schnürsenkeln und Jeans mit dem Markenzeichen, das den Preis verrät, die Haare gestylt mit Festiger und Gel, der Geruch dezent wie ein Parfümladen! Und ich mußte noch eine halbe Stunde mitfahren; da habe ich dem einen auf die Schulter getippt und ihn höflich gefragt, ob ich ihm meinen Stehplatz anbieten dürfe ..."
„Und ... hat er?"
„Der eine wurde puterrot, wie seine Strähnen, und ist sofort hoch. Ich war froh, als ich saß. Den Geruch bekam ich immer noch mit. Ja, die jungen Leute. Unsere Enkelin ist dreizehn ..."
„Wie meine Schwester", fällt Sascha ein. „Die schwimmt zur Zeit auf derselben Welle."
„Hm", die Frau schaut ihren Mann an, dann wieder auf die Fahrbahn und erhöht die Geschwindigkeit. „Viele wollen ... und ..., oh ..."
Mit der Hand fährt sich die Frau über die

schweißnasse Stirn. Zugleich ruckelt der Wagen, wird deutlich langsamer, die Frau ordnet sich, schwer atmend, auf der rechten Spur ein.
„Mein Kopf! ... Der nächste Parkplatz!“
Als der Mann ihr ein Erfrischungstuch reicht, sagt sie: „Das hilft nicht, du weißt schon ...“
Auf dem Rastplatz eilt die Frau zur Toilette ...
Später nimmt sie ihre Tabletten: „Du, ich kann nicht mehr fahren, unmöglich!“
Der Mann zuckt hilflos mit den Schultern: „Und ich habe vorhin zwei Bier getrunken.“
Das junge Paar steht betroffen dabei. Gabi meldet sich zögernd zu Wort: „Wir haben ungefähr das gleiche Ziel. Vielleicht kann Sascha ... Seine Eltern fahren dieselbe Marke, er ist oft mit dem Wagen unterwegs.“
Unentschlossen blickt der Mann zu seiner Frau. Bitte, sagen ihre Augen.
„Gut! Wir ruhen uns etwas aus, bis es meiner Frau wieder besser geht – wenn Sie dann ...“
Der Mann gibt Sascha die Autoschlüssel.
„Ich fahre vorsichtig, keine Sorge!“
Tatsächlich – Sascha bleibt auf der rechten Spur und fährt nicht mehr als 90 bis 100 km/h.
Gabi klärt die Situation: „Vielleicht haben Sie es nicht gehört: Gestern ist Ozonalarm ausgelöst worden. Sicher besser, wenn Sascha langsamer fährt, auch für Ihre Frau!“ –
Schweigen ...

Nachdenklich die Frau: „Ich habe das vorhin verdrängt, wollte nur so schnell wie möglich vorwärtskommen. Siehst du, Alterchen, die jungen Leute ... Fahren Sie weiter so, Sascha!"

Er hält meine Hand

Vera, 20 Jahre, Hobby: Motorradfahren. Heute nacht in der Oberpfalz, unterwegs nach München, Treffpunkt mit Freunden.
Die Landstraße ist regennaß, die Sicht mäßig. Vera legt sich mit Pep in die Kurve, ein Wagen kommt ihr entgegen, mit aufgeblendetem Licht, genau auf sie zu. Krachen, Schreien – und Stille. Mit dem Rettungswagen ins Krankenhaus. Die Schwerverletzte wird sofort operiert. Als Vera zu Bewußtsein kommt, findet sie sich auf der Intensivstation wieder, angeschlossen an medizinische Geräte, ‚verkabelt' ... *die Schmerzen, ich kann nicht liegen ... Sie haben mich zurechtgeflickt, aber – werde ich wieder den Arm bewegen, meinen Beruf ausüben können, und ... meine Maschine??*
Fragen über Fragen.
Die Schwestern kümmern sich sehr um Vera. Doch sie ist allein, mehr als achthundert Kilo-

meter von der Heimat entfernt, ihre Eltern sind auf einer Busrundreise in Spanien, schwer zu erreichen. Das bedrückt sie.
Wie lange muß ich noch hierbleiben?

Am Tag darauf bekommt Vera kaum mit, daß sich jemand an ihr Bett setzt und behutsam ihre Hand nimmt. Sie fühlt, wie gut ihr das tut, und öffnet ein wenig die Augen; wie durch einen Schleier erkennt sie den Besucher: „Opa, du?"
Der alte Mann legt den Finger auf den Mund: „Sag nichts, Vera! Ich bin jetzt bei dir."
Das Schweigen wirkt intensiv. Vera gibt sich der Hand hin, die sie hält. Einfach sich fallen lassen in diese Geborgenheit. Lange Zeit.
Dann schaut Vera ihren Großvater an. Der nickt ihr zu: „Keine Sorge! Deine Freunde kommen dich bald besuchen; deinen Eltern sage ich Bescheid, wenn sie übermorgen zurückkommen. Und morgen, Vera, morgen komme ich wieder!" Der alte Mann streicht ihr über die Stirn. –
Später schießen Vera unterschiedliche Gedanken durch den Kopf: Mein Großvater hat die weite Reise gemacht. Und seinen Spruch ‚Mädchen sollen nicht Motorradfahren' hat er sich verkniffen.
Dann fällt ihr ein: Bald geht Opa ins Altenheim. Seit Omas Tod hat er allein gelebt, mehr

schlecht als recht; aber von anderen wollte er nicht versorgt werden: „Das schaffe ich selbst!"
Anfangs konnte er kaum ein Ei in die Pfanne schlagen, doch er hat einiges dazugelernt. Jetzt wird er 76.
Wir haben ihn gedrängt: Im Heim hast du es bequemer, brauchst dich um nichts zu sorgen.
Aber vielleicht waren seine täglichen Aufgaben genau richtig für ihn ...
Andererseits sind die Verwandten hinter seiner Wohnung her; der Großvater spürt das.

Vera wird unruhig, die Schmerzen in Kopf und Arm werden heftiger ...
Die Stationsschwester schaut sie prüfend an: „Hat der Besuch Sie so aufgeregt?"
„Im Gegenteil! Er hat mir gutgetan."
„Ihr Großvater, stimmt's?"
„Ja. Ich hab' ihn immer gemocht ..."
„Aber jetzt müssen Sie ruhiger werden; ich gebe Ihnen noch etwas zum Schlafen."
„Morgen kommt er wieder. Mein Großvater!"

Spruch des Herrn: Einmal werde ich meinen
Geist ausschütten über alle Menschen:
Eure Alten werden Träume haben
und eure Söhne und Töchter Zukunftsvisionen.
Das verspreche ich.

Nach dem Propheten Joël, Kapitel 3

Warum sagt ihr: Gott läßt uns im Stich?
Ihr sollt wissen: Der Herr hilft den Schwachen.
Auch die Jungen werden müde und matt,
auch junge Menschen stolpern und fallen.
Doch alle, die auf Gott vertrauen,
erhalten neue Kraft. Sie stehen wieder auf
und gehen weiter, voller Hoffnung.

Nach dem Propheten Jesaja, Kapitel 40

Unsere positiven Erfahrungen dominieren,
‚Délicatesses du bon Dieu'.
Es sind wohl die freundlichen Fügungen, die
zärtlichen Aufmerksamkeiten des guten Gottes,
die wir beide, mein Mann und ich,
immer erleben durften.

Marianne Dirks (geboren 1913), Publizistin

Im Brennpunkt

Vier Generationen – zusammen 191 Jahre.
Es waren Jahre in Freude und Zuversicht,
doch auch solche voller Leid und Not,
Stunden, die man durchstehen mußte,
die ihre Spuren hinterlassen haben.

Der Urgroßmutter, den Großeltern,
den Müttern, Kindern und ihren Vätern –
jedem einzelnen

HERZLICHEN GLÜCKWUNSCH!

Daß vieles dir glückt, doch nicht alles,
daß du im Unglück standhältst,
daß du ein Glück bist für andere –
denn glücklich sind,
    die ein frohes und gutes Herz haben,
    die offen sind für die Not ihrer Mitmenschen,
    die Frieden schaffen, wo Streit ist.
Der uns alle in seinen Händen hält –
Er hat es versprochen.

„Originalton":
Junge Menschen über ihre Großeltern

Kontakte?

Nein! Zu meinen Großeltern habe ich kein gutes Verhältnis. Darum möchte ich nicht darüber schreiben, und etwas Negatives will ich auch nicht schreiben. Das fände ich nicht gut.

Manuela, 21 Jahre

Der Kartoffelwettkampf

Endlich ist die Schule aus. Auf dem Weg nach Hause erinnert mich mein knurrender Magen an das Mittagessen. Mmh, Spaghetti, einen Gratin – was Mami wohl gekocht hat?
Schon im Hausflur rieche ich geschwellte Kartoffeln, geschmolzenen Käse. Ich rufe Grospi, der einen Stock über uns wohnt, zum Essen.
Wieviele Kartoffeln Grospi wohl heute essen wird? Mein Bruder Benjamin schätzt zwanzig, hamstert sich schon mal zwei Kartoffeln und versteckt seine Reserve unter der Bank.

Grospis Augen strahlen: „Mmh, Kartoffeln, fein!" Dann hört man nichts mehr von Grospi. Er ist damit beschäftigt, Kartoffeln zu schälen und zu essen. Eine nach der anderen verschwindet in Grospis grossem Mund. Benjamin zählt mit. Sechs, sieben ... Bei acht Kartoffeln fragt Mami Grospi, ob er nicht genug habe. Doch er ist so mit dem Essen beschäftigt, dass er die Frage überhört. Nach der vierzehnten Kartoffel ist das Körbchen leer. Enttäuscht greift Grospi in das leere Kartoffelkörbchen. Er wiederholt immer wieder: Mami ist die beste Köchin. Benjamin nimmt unterdessen seinen Vorrat unter der Bank hervor und isst gemütlich weiter. –

Seit meiner Geburt wohnt Grospi über uns. Oft ging ich mit ihm auf dem Sonnenberg spazieren und fuhr mit dem nostalgischen Bähnli hinunter.
Ich habe meinen Grospi nie böse erlebt.
Heute ist er 91 Jahre und lebt im Pflegeheim. Nach einer Krebsoperation war es nicht mehr möglich, dass er zu Hause bleiben konnte. Grospi lebt in einer Fantasiewelt. Doch er freut sich riesig, wenn ihn jemand von uns besucht, und wenn ich ihm sage, dass bei uns zu Hause alles gut läuft, ist er zufrieden.
Früher stand mir Grospi stets zur Seite. Heute macht es mich froh, wenn ich Grospi Freude bereiten kann.

Sarah Huber, 18 Jahre, Kriens (Schweiz)

Ein Besuch in Zürich

Es ist kurz vor neun. Hinter mir liegt das nächtliche Lichtermeer der Stadt, und vor mir, an der Eingangstür des weissen Reihenhauses, drücke ich den Klingelknopf. In der Küche geht das Licht an. Langsam schiebt eine Hand den Vorhang zur Seite, und zwei neugierige, etwas ängstliche Augen spähen in die Nacht.

Ich warte, bis Grosi mich hereinlässt. Sie ist erstaunt über meinen Besuch um diese Zeit. Ich bin froh, dass ich Grosi nicht geweckt habe.

Wenn ich dieses Haus betrete, werden alte Erinnerungen wach. Als kleiner Knirps Ferien bei den Grosseltern! Ich denke an die herrlichen Schiffahrten auf dem Zürichsee, die lustigen Zoobesuche, das Schwänefüttern und an das Gärtnern mit Grospi im Schrebergarten.

Mein Blick fällt auf die mit Teppich überzogene Holztreppe. Hier telefonierte ich abends mit meinen Eltern. Oft übermannte mich das Heimweh, und Tränen liefen über mein Gesicht. Grosis Gute-Nacht-Geschichten lenkten meine Gedanken und Gefühle wieder auf andere Bahnen.

„David, ich mache uns ein ‚Käfeli'", tönt es in gewohntem Tonfall aus der Küche.

„Das freut mich jetzt richtig, dass du gekommen bist. Grosi strahlt.

Früher löffelte ich in den Ferien an diesem Tisch jeden Mittag vor dem Essen meine Portion ‚Erbs-mit Speck-Suppe' aus und schaute Grosi beim Kochen zu. Wie ein Ohrwurm ertönt in meinem Inneren ihre gewohnte Pfeifmelodie, die sie jedesmal pfiff, wenn sie kochte. Sehnsucht nach dieser unvergesslichen Zeit steigt in mir empor.
Inzwischen ist der Kaffee fertig, und wir plaudern über Gott und die Welt. Wiederholungen häufen sich, doch daran habe ich mich gewöhnt. Ich weiss ja schliesslich auch nicht, wieviel ich mit achtzig Jahren noch behalten kann.
Wir geniessen das Stück Kuchen, und ich helfe ihr beim Abwasch. Sie sagt mir, ich solle es sein lassen und mich hinsetzen. Im Gegensatz zu früher helfe ich ihr jetzt freiwillig und gerne. Was für mich eine kleine Sache ist, ist für sie zu einer mühsamen Arbeit geworden.
In der Stube spielen wir eine Partie ‚Stop'. Als Grospi noch lebte, spielten wir jeweils zu dritt, oder mit meinem Götti zusammen sogar zu viert. Ich denke an Grospi Zöri, wie wir ihn nannten, und blicke instinktiv auf das braune Sofa, auf dem er oft lag und im Fernseher das Weltgeschehen verfolgte. Die Erinnerung an seine schönen Blumen und die feinen Beeren in seinem Garten, die Ausflüge und Wanderungen auf den Üetliberg und die langen, intensiven Gespräche während seiner Krankheit lenken mich vom Spiel ab. Meine Besuche an sei-

nem Krankenbett, die Gespräche und Jasspartien verbanden uns immer stärker. Traurig denke ich an unser letztes Gespräch und an seine Beerdigung zurück. Wie schön wäre es, wenn er mit uns spielen könnte!
„Kann man jetzt mit fünf oder mit sechs heraus?" fragt Grosi schon zum x-ten Mal. Meine stereotype Antwort „mit fünf" weckt mich aus meiner melancholischen Erinnerungsreise auf.
„Weisst du noch, als ich dir diese Blumenvase mitbrachte?" frage ich Grosi erwartungsvoll. Auf der Kilbi gewann ich beim Ballwerfen eine Vase. Die gefiel Grosi so gut, dass ich sie ihr schenkte. Das vergessen wir beide wohl nie, denn sie antwortet mit einem überzeugten „Ja sicher!"
Das Spiel geht langsam zu Ende. Meine Aufholjagd erweist sich als hoffnungslos. Grosis Augen glänzen vor Freude, als sie mit ihrer letzten Spielfigur auf die Zielgerade einbiegt.
Die alte Buffetuhr schlägt elf. Ich muss mich beeilen, damit ich den Zug nach Luzern nicht verpasse. Wir verabschieden uns herzlich, sie winkt und ruft: „S'hed mi g'freut, chom guet hei!"
Nächste Woche werde ich Grosi wieder besuchen.

David Huber, 20 Jahre, Kriens (Schweiz)

Sie sind sehr besorgt um mich

Meine Großeltern waren für mich schon immer etwas Besonderes. Das liegt bestimmt daran, daß sie so gut zu mir sind. Auch wenn uns 450 Kilometer trennen – das ist nicht schlimm, wir telefonieren miteinander; das dauert oft eine halbe Stunde, wir haben uns viel zu erzählen.

Natürlich sind Großeltern sehr besorgt um ihre Enkel: „Kind, das kannst du doch nicht …" Aber das Kind ist mittlerweile 18 Jahre alt und läßt sich nicht mehr so leicht von seinen Zielen und Wünschen abbringen!

Doch auch wenn man auf ihre besorgten Blicke manchmal etwas verärgert reagiert, darf man ja nicht vergessen, daß sie nur das Beste wollen. Wie wird es sein, wenn *ich* einmal 70 Jahre alt bin und Enkelkinder habe?

Meine Großeltern haben nur ein einziges Enkelkind: Dementsprechend werde ich auch versorgt, wenn ich bei ihnen bin: Schokolade und Essen *en masse!*

Was ich ganz toll finde: Mit meinen Großeltern kann man noch sooo viele Späßle machen!

Ich habe meine Großeltern sehr lieb und hoffe, daß sie noch lange für mich und andere da sind!

Tamara Illi, 18 Jahre, Stuttgart

Vergessene Großeltern?

Seit elf Monaten bin ich als Zivildienstleistender auf der Pflegestation eines Altenheimes tätig. Da ich selbst Enkel bin, ist es für mich natürlich interessant zu hören, was Großeltern und zum Teil sogar Urgroßeltern über ihre Kinder, Enkel und Urenkel sagen. Fragt man die Bewohner, wieviel Kinder sie haben, so antworten sie meist mit leuchtenden Augen und voller Stolz, daß sie auch eine ganze Horde von Enkelkindern haben. Doch manchmal hört man es anders: „Schaffen Sie sich bloß keine Kinder an, die kommen sowieso nicht zu Besuch."
Eine Bewohnerin klagt: „Ist das wieder ein langweiliger Nachmittag! Ich habe neun Kinder großgezogen, und jetzt haben sie nicht einmal Zeit für einen kurzen Besuch." Oft stellt sich die Frage auch beim Personal des Heimes, warum manche Familien ihre doch so „niedlichen Omas und Opas" vergessen. Besonders schwierig zu verstehen, wenn sie in der Nähe wohnen.
Dieses sind Dinge, die sich in mir festsetzen, und ich glaube, daß sich das Verhältnis zu meinen noch lebenden Großmüttern aufgrund solcher Erfahrungen wesentlich verbessert hat.

Christoph Pieper, 20 Jahre, Borken/Westfalen

Sag nichts gegen meinen Großvater!

Der hält zu mir. Dem kann ich (fast) alles sagen. Wenn ich in der Klemme sitze – Opa gibt mir einen Tip. Wenn er aber merkt, daß ich meine Eltern außen vor lassen und mich ‚an ihnen vorbeischleichen' will, dann ist er knochenhart:
„Red erst mit deinen Eltern!"
Aber sonst ...
Neulich hat Opa von seinen Streichen früher erzählt: Im Anhänger der Straßenbahn die Handbremse angezogen, und schnell raus!
Noch was: Er und zwei andere Ministranten haben nach Weihnachten im Kirchenkeller ein kitschiges ‚Lamm Gottes' aus Gips gefunden, saubergemacht und in der Kirche heimlich in die Krippe gelegt, das Jesuskind haben sie dem Josef auf den Arm gegeben.
Riesentheater! Es ist nie rausgekommen, wer es war. –
Mein Opa ist 'ne Wucht!

Ich wüßte gern mehr

Meine Oma habe ich leider nie kennengelernt, sie ist seit langem tot, aber mein Opa ist quicklebendig.
Gelegentlich staune ich über ihn, wie er in unserer modernen Zeit zurechtkommt. Er hat schon manchem Jüngeren auf die Sprünge geholfen. Aber ich wüßte gern mehr. Vor fünfzig, achtzig Jahren waren völlig andere politische Verhältnisse. Doch über den Krieg redet Opa nicht gern, auch nicht über meine Urgroßeltern. Schade.

Thomas Bork, Düsseldorf

„Wir haben dich so lieb"

Beim Begräbnis für den 1995 ermordeten israelischen Ministerpräsidenten Jitzhak Rabin sprach seine Enkelin Noa von ihrem Großvater:

„Die Menschen sprechen von einem nationalen Unglück. Aber versuch mal, ein ganzes Volk am privaten Schmerz teilnehmen zu lassen: Wir spüren das Vakuum, das sich für uns aufgetan hat. Wir leben in einem Alptraum.

Größere als ich beweinen dich, Opa, aber keiner hat solche Zärtlichkeit von dir bekommen: Deine Hände, deine Umarmungen, nur für uns!
Ich habe kein Gefühl der Rache, weil der Schmerz und der Verlust in mir so groß sind. Ich verabschiede mich von dir, und ich hoffe, daß du in Frieden ruhst. Ich bitte die Engel, die dich jetzt begleiten, daß sie dich gut beschützen und dich bewahren. Wir haben dich so lieb, Großvater."

Nach einem Zeitungsbericht (Auszug)

In jenen Jahren war die Zeit gefroren:
Eis so weit die Seele reichte

Rose Ausländer (geboren 1901 in Czernowitz/Bukowina, gestorben 1988 in Düsseldorf), jüdische Lyrikerin

„Erzähl mir die Vergangenheit,
dann erkenne ich die Zukunft."

Konfuzius, 551 – 479 vor Christus, chinesischer Philosoph

Die Blickrichtung junger Menschen geht in die Zukunft. Trotzdem interessieren sie sich für die Vergangenheit. Und hellwach werden sie beim Thema Krieg: Wie haben ihre Eltern, ihre Großeltern reagiert?

Drei Generationen – zwei Weltkriege

Der Großvater – aus der Sicht des Enkels heute

Mein Großvater hat früher oft von seinem Vater und Schwiegervater erzählt. Die haben selbstverständlich „gedient", im 3. Garderegiment zu Fuß. Für Kaiser, Reich und Vaterland.
Mein Großvater stammt aus einem Dorf bei Allenstein (Olsztyn heißt das heute).
Als der Erste Weltkrieg ausbrach, wurde er sofort einberufen. Damals müssen viele Männer mit großer Begeisterung „zu den Fahnen geeilt" sein, gegen „unsere Erbfeinde, die Franzosen". Im Kugelhagel kam die tödliche Ernüchterung. Mit welchen Gefühlen ist mein Großvater wohl in den Krieg gezogen? Ähnlich begeistert, oder skeptisch, widerwillig?
Nach einigen Wochen war für ihn alles zu Ende: Ein Schuß zerfetzte ihm den rechten Fuß. Er

kam ins Lazarett und wurde dann entlassen. „Mein Glück", hat Großvater immer gesagt. Es hätte schlimmer kommen können; und im Zweiten Weltkrieg brauchte er nicht einzurücken.
Sicher ist er nicht dem Führer nachgelaufen, für den überzeugten Katholiken waren die Nazis ein Greuel; doch vielleicht hätten unsere Großeltern, die Christen in den damaligen Gemeinden sich intensiver für die verfolgten Juden in ihren Ängsten und Nöten einsetzen sollen – aber zugleich fällt mir ein: Was tun *wir* denn als junge Christen gegen die unverbesserlich-alten und neuen Nazis heute?
Ich weiß nicht viel von meinem Opa, nur daß er auch noch im Alter für die Caritas gesammelt hat, treppauf, treppab, trotz seiner Beschwerden. Vielleicht träumte auch er von einer besseren Welt; jedenfalls hat er sich dafür engagiert.

J. B.

Die Großeltern – aus der Sicht des Sohnes heute

Episoden im Dritten Reich

• An einem Morgen (ich war sechs Jahre alt) Straßenbahnfahrt mit meiner Mutter vom Vorort in die Stadt. Stumm schauten die Leute

nach draußen: Eingeschlagene Fensterscheiben, auf dem Bürgersteig zerbrochene Stühle und Tische (noch heute habe ich die Bilder vor Augen).
„Mama, warum werfen die Leute alles weg?"
„Psst!"
Die anderen Fahrgäste hörten interessiert zu.
„Mama, da liegen die Betten draußen. Und das im November. Aber die sind kaputt!"
„Halt den Mund, Junge!"
Ich verstand die Welt nicht mehr. Dann sah ich:
„Mami, da hat es gebrannt. Es qualmt noch ..."
Zack – die Ohrfeige stoppte mich. Meine Mutter mußte mich stoppen, am Morgen nach der Reichspogromnacht, am 10. November 1938.

• Eine weitere Ohrfeige erhielt ich vier Jahre später von meinem Vater. 1942 besuchte ich die Sexta eines katholischen Gymnasiums. Ein Lehrer hielt in brauner SA-Uniform Unterricht: „Jungs", sagte er, „wenn ihr zu Hause Krach habt – ich helfe euch. Auch, wenn eure Eltern ‚andere' Sender hören, ihr wißt schon ..."
Klar: Englische Sender, ‚Feindsender' zu hören, war streng verboten.
„Wenn ihr sowas entdeckt, sagt es mir! Dann besuche ich eure Eltern, und alles wird geregelt."
Wir ahnten, das war eine Falle! Niemand hat sich diesem Lehrer anvertraut.

Zwei Tage danach mußte ich abends noch einmal zur Toilette, ich kletterte aus dem Bett und schaute eben in die Küche rein: Mein Vater und ein Nachbar saßen vor dem Radio und krochen geradezu mit den Ohren in den Kasten – sie hörten BBC. „Gibt's was Neues?" fragte ich.
„Raus!" schrie mein Vater und ... zack – jetzt hatte ich auch heiße Ohren ...
Erst war ich sauer – heute weiß ich, daß die Situation für Vater und Mutter schwierig war: Sie waren katholisch – keine Mitglieder der NSDAP. Sie hatten unterdrückte Wut auf die Nazis (wieviel wußten sie ...?) – und zugleich große Sorge um ihre Kinder.

Es waren Jahre voller Schrecken und Unheil. Unsere Kinder hören davon im Schulunterricht.
Mehr nicht? Haben wir, die Älteren, vergessen, ihnen zu erzählen, unter welchen Bedingungen wir (und die Eltern, Großeltern ...) gelebt, welche Entscheidungen wir (und sie) getroffen haben?
Und wie haben wir uns engagiert?

Ansichten

Die Enkelin:

Ich bin jung. Gott sei Dank!
Ihr seid von vorgestern.
Eure Erfahrungen – wem nützen sie heute?
Großmutters Erzählungen kenne ich bis zum
Überdruß; warum redet ihr von der
‚guten alten Zeit?' Ihr seid verantwortlich
für zwei Weltkriege. Seid ihr nicht
in blindem Gehorsam den Fahnen und
Kriegstrommlern hinterhergelaufen?
Unter dem Kaiser, den Nazis, unter Honecker.
Und Großvaters Träume
von einer besseren Welt? Bloße Illusion!
Was bleibt ihm noch?
Ein paar Jahre, ein paar Reisen.
Mit anderen Alten ein Pils in der Kneipe –
schwadronieren, Phantasien nachjagen,
vor der Glotze Länderspiele ‚erleben'.
Doch dann kommt das Ende, Pflegeheim, Tod.
Unwiderruflich. –
Meine Welt sieht anders aus.
Ich will leben, ‚meine Frau stehen', heute
mich engagieren im Betrieb, in der Umwelt,
wo Rücksichtnahme häufig ein Fremdwort ist.
Das will ich schaffen. Ich bin ja noch jung.

Der Großvater:

Träumen nur die Jungen?
Alte und Junge halten ihr Gesicht in die Sonne. Dunkel gibt es genug.
Wenn wir nicht unsere Schuld verdrängen wollen, dann müssen wir uns zu ihr bekennen: Mangelnde Zivilcourage.
Wir hätten mehr tun können.
Unser Versagen in der Familie: Man hätte – *ich* hätte mir mehr Zeit nehmen sollen.
Dunkle Erinnerungen ... Dann kommen Angstträume auf. Angst vor der Zukunft, Angst vor Krankheiten und langem Dahinsiechen, Angst vor dem Sterben.
Doch glaubt mir, das ist nur die eine Seite.
Ich träume von einer Zukunft für mich.
Ich will leben.
Einmal, hoffe ich, in Gottes Welt. Aber auch hier und jetzt, auf unserer Erde. Mehr:
Ich träume von einer Zukunft für unsere Welt.
Wird wirklich einmal Frieden sein?
Wird es gerechter zugehen als heute?
Davon träume ich. Das ist meine Sehnsucht.
Aber ihr – Enkel, ihr seid jung. Ihr solltet es schaffen! Wenigstens ein kleines Stück.

Ansichten – kein Gespräch ...?

Großvater arbeitet – die Jungen …

‚Ihr habt das Leben noch vor euch! Ihr seid unsere Hoffnung! Ihr müßt die Zukunft gestalten!‘ –
„Dumme Sprüche! Die Zukunft kann ich gar nicht *gestalten*, nach der Ausbildung bin ich jetzt ohne Anstellung: *Wenig Hoffnung.* Mein Opa kann gut reden, der hat alles, was er braucht.“

Janine ist verbittert: Fachoberschulreife, Ausbildung im kaufmännischen Bereich, danach nicht übernommen – arbeitslos. Seit vier Monaten. Erst war es angenehm, machen zu können, wozu man Lust hat, doch dann kam die Ernüchterung: Kein Geld, Langeweile.
Janines Eltern können ihr nur bedingt helfen, seit einem halben Jahr hat der Vater auch keine Arbeit mehr; sein Betrieb mußte ‚schlanker‘ werden … Für einen 42jährigen sind die Aussichten, im selben Beruf anderswo unterzukommen, nicht gerade rosig. Aber wie soll er die Schulden auf ihrem Häuschen abzahlen? Seine Frau sucht Putzstellen. Sie würde lieber in ihrem früheren Beruf arbeiten, doch mit 39 Jahren …

Janines Großvater ist nach dem Tod seiner Frau zu den Kindern gezogen. Die sind froh darüber: Großvater zahlt Miete! Er ist der einzige in diesem Haushalt, der Arbeit hat und ganz gut verdient. Im nächsten Jahr wird er mit 64 seine Rente beantragen. Bis dahin geht er jeden Tag pünktlich zum Dienst. Natürlich spürt er die Blicke, wenn er morgens das Haus verläßt.

Janine hat wochenlang Zeitungen ausgetragen: „Eines Morgens haben mich zwei Männer angefallen und begrapscht. Ich hab' um mich geschlagen und getreten. Da war ich sie los. Aber den Job hab' ich geschmissen!
Ich möchte gern zu einem EDV-Lehrgang. Bis dahin ... Zu Hause ist oft dicke Luft. Dann verkrieche ich mich auf meine Bude. Genau wie Opa. Manchmal weint er. Wenn er abends vom Dienst kommt, ist er geschafft. Und morgens um 6 Uhr klingelt der Wecker. Bei ihm! Ich kann mich dann noch umdrehen. Aber ich will nicht! Verflixt! Die Jungen stehen auf der Straße, und Opa geht zur Arbeit ..."

Sechs Wochen später sieht es etwas anders aus: Die Mutter hat zwei Putzstellen, der Vater einen Gelegenheitsjob auf Zeit, und Janine Aussicht auf einen Speziallehrgang.
Hoffentlich klappt es ...

Auf ein Wort

Liebe Enkel!
Seit langer Zeit freuen wir uns
über Eure Entwicklung und Eure
Pläne für Euer künftiges Leben, auch
in der Hoffnung auf weitere Fortschritte,
trotz mancher Enttäuschung.
Um so mehr möchten wir
in der nötigen Distanz
mit guten Wünschen
Euch begleiten.

Herzlich
Eure Großeltern

Unsere Hoffnung

Von guten Mächten
wunderbar geborgen,
erwarten wir getrost,
was kommen mag.
Gott ist mit uns
am Abend
und am Morgen
und ganz gewiß
an jedem neuen Tag.

Dietrich Bonhoeffer
(geschrieben in der Neujahrsnacht 1944/45
im Gestapo-Gefängnis Berlin)